북조선 27년
대한민국 27년

북조선 27년
대한민국 27년

ⓒ AB 氏, 2025

초판 1쇄 발행 2025년 9월 24일

지은이   AB 氏
펴낸이   이기봉
편집   좋은땅 편집팀
펴낸곳   도서출판 좋은땅
주소   서울특별시 마포구 양화로12길 26 지월드빌딩 (서교동 395-7)
전화   02)374-8616~7
팩스   02)374-8614
이메일   gworldbook@naver.com
홈페이지   www.g-world.co.kr

ISBN   979-11-388-4739-1 (03810)

탈북자의 눈에 비친
대한민국은 어떤 나라인가?
북조선은 과연 나쁜 나라인가?

북조선 27년
대한민국 27년

AB 氏 지음

좋은땅

머릿글

나의 사랑하는 아내와 자식들의
도움이 없었다면 이 책은
2년 전에 완성되었을 것이다.

청묘(靑妙) 한 미인이 버림을 받아

아득히 구름 밖의

고루(古樓)에 홀로 사노라

봄이 와도 홀로 사는

원한을 말하지 않고

다만 하얀 배꽃을 꺾어

해 저물 무렵의 설움을 달랜다

목차

2부

러시아와 탈북인

1부

탈북자의
사고구조

대한민국에서의 첫날

　북조선에서 탈출한 나는 국정원에서의 검사와 교육을 거쳐 서울 외곽의 조그만 아파트를 대한민국 정부에서 얻어 주어 기거하게 되었다.

　냉장고, T.V, 세탁기, 전화 등도 비치된 집이었다. 북조선에 비하면 당 간부나 기거할 풍족한 수준이었다.

　"고죠 천국이 따로 없구만. 나는 대한민국의 적국인 북조선에서 왔으니 끼니 이런 대접은 당연한 거이고 앞으로는 인민 영웅 칭호를 받으며 떵떵거리며 살게 될끼야."

　동네 인근 슈퍼마켓이라는 곳도 가 보고 아파트에서 T.V를 보며 대한민국 사회를 습득해 갔다. 그렇게 보름이 흘렀다. 아무도 나를 찾지 않았고 전화 한 통도 없었다. 점점 밀려오는 공포감. 북조선의 가족들은 어찌 됐을까?

　과연 대한민국이라는 곳이 나를 인민의 영웅으로 받들어 줄까?

　약 한 달 후 큰 마음을 먹고 서울 시내를 혼자 구경해 보기로 했다.

내 눈으로 말로만 듣던 남조선 괴뢰들을 직접 보는 것이다. 가슴이 떨려왔다.

오후 두 시, 지하철 입구에 도착해서 기계식 계단(에스컬레이터)를 타는 것도 남들이 어떻게 발을 디뎌 내려가는지를 서너 걸음 떨어져 수차례 보며 눈에 익히고 첫발을 밟았는데 첫 발을 디디고 다른 발을 옮겨 붙이며 서는 데까지 성공했다.

긴장감 때문에 온몸에 힘이 들어가 굳어 있었다.

지하철역에서 강남역이라는 이름을 보고 돈을 지폐투입구로 넣고 강남역 표지판을 눌렀다. 노란색 표가 아래쪽 구멍으로 나왔다.

표를 사고 방향지시판을 보고 계단을 내려갔다.

대중교통을 이용하는 방법은 대한민국에 입국하여 국가정보원에서 받은 교육 내용이 있어서 어렵지 않게 이용할 수 있었다.

아래로 내려가니 지하철을 기다리는 몇몇 사람들이 서 있었다. 그들이 나를 쳐다보지 않는지 혹시 말이라도 걸어오면 무어라 답을 하나?

국정원에서 나를 미행하고 있는 것은 아닌가?

말로만 듣던 서울의 중심이라는 명동거리는 나가 볼 자신이 없었다. 대신 사람들이 더 북적이고 젊은이들이 많다는 강남역을 택했다. 사람들이 북적여야 나를 은폐할 수 있을 것이라는 생각도 들었다.

지하철 좌석에 앉아 눈을 감은 척하고 실눈으로 역 한 정거장마다 확인했다. 길을 잃으면 어찌 집에 돌아가야 하는가 하는 긴장감에 어깨는 바짝 굳어 있었다.

강남역에 내렸다. 지하의 매장들이 번쩍번쩍한 것이 내가 함부로 시선을 두지 못할 정도였다. 몇 번 통로(출구)로 나가 볼까?

내가 12월에 탈북했으니 12번 출구로 나가 보자.

거리의 여자들이 먼저 눈에 들어왔다. 눈가는 숯검정을 바른 듯 시커멓고 옷은 몸에 착 달라붙어 있어 몸매가 전부 드러나는 것이 민망하여 똑바로 바라볼 수가 없었다. 남조선은 미국의 식민지라더니 같은 민족이라는 느낌은 전혀 없고 북조선에서 간간이 T.V로 보여 주던 미국과 같구나!

썩은 자본주의자들….

오백 미터쯤 되는 거리를 왕복하며 세 시간을 걸었다. 커피 상점 같은 것이 보였다. 지나며 슬쩍슬쩍 가격표를 보았는데 삼천 원이란 표식이 눈에 들어왔다 환율계산을 여러 번 하며 내가 매달 받는 대한민국 정부 지원금과 비교하며 큰 모험을 해 보기로 하였다. 커피숍 안으로 들어가서 자리를 잡고 앉았다.

남자 종업원이 다가와 뭘 드릴까요?라고 물었다.

"커피요."

"무슨 커피 드릴까요?"

다시 등에 식은 땀이 흘렀다.

"아무거나요."

종업원은 약간 이상한 듯한 표정을 짓고는 돌아갔다. 한 달 동안 열심히 익힌 서울 말투를 처음 써 보았다는 안도감이 들었다. 커피 위에 흰 가루를 뿌린 것 같은 것이 내 앞에 놓여졌다. 조금 마셔 보았다.

쓰디 썼다.

조금씩 눈을 돌려 살금살금 주변을 살펴보다가 경악할 만한 장면을 보았다.

주변에 머릿발이 하얀 아버지나 할아버지 뻘이 되는 이들이 여럿 앉아 있음에도 젊은 여성들이 담배를 물고 있지 않은가?

게다가 실겉눈으로 보니 여성 두 명의 팔뚝에 미국 알파벳 같은 문자로 문신이 새겨져 있는 것이 아닌가?

아무리 미제의 속국이라 하지만 우리 민족이 갖는 문화전통이 있는 것인데 여기가 과연 남북한 하나의 민족인가?

사회주의 국가에서는 여성을 남성과 동일시하나 기존의 전통 문화를 버리진 않는다. 기존의 전통문화를 버리는 것이 사회주의가 아니고 전통문화를 지키되 과거의 잘못된 것을 바로잡고 새로운 길을 찾는 것이 사회주의다.

나는 커피를 남긴 채 삼천 원을 지불하고 급히 커피숍을 나와서 집으로 가는 지하철을 탔다. 오는 내내 망치로 머리를 맞은 듯 혼돈이 왔다.

겨우 집에 도착한 나는 방바닥에 쓰러지듯 누웠다.

내가 잘못된 나라로 왔구나!

북조선인들의 사고구조

단단한 사상이 가득 찬 계란은 바위도 부숴 버릴 수 있다.

평양의 시민들은 학교에서 춤도 배우고 인문학, 사회학, 공학 등 다양하게 배운다.

남녀 교제도 자유로운 편이라서 서로 사랑의 편지를 주고받거나 아코디언을 가지고 가서 여자의 집 앞에서 연주를 하며 구애를 하기도 한다.

남자들은 못생긴 여성을 보면 "국가에서 주는 밥 먹고 양심 없이 생겼다."라고 놀리기도 하곤 하지만 법적으로 남녀 평등이 잘 이루어져 있어 남녀 간 다툼이 있을 경우 조사실에 가게 되면 여성을 우위에 두었다고 할 정도로 남녀 평등이 이루어 지고 있다.

레닌도 쏘비에트 사회에서 선언했었지만 "지구상의 반은 여성이다."라는 중국 모 주석의 사상이 사회 저변에 깔려 있다.

북조선에서는 미 제국주의자들에 대항하기 위해서 국가 차원에서 체계적인 교활함을 가르친다. 아마도 세계 어느 인종도 북한인의 교활함을 따르지 못할 것이다.

노무현 대통령이 방북을 했을 때 체류 마지막 날에 김정일은 노 대통령에게 말했다.
"하루 더 머물다 가시라우요."
노 대통령이 말했다 "글쎄요. 그건 참모진들과 이야기를 해 봐야 되겠습니다."
"대통령이 그깟 것도 결정 못 하시오?" 김정일의 답이었다.

이런 식으로 북조선의 화법은 상대방이 대답하기 힘든 혹은 민망한 장면을 연출하는데 특화되어 있다.

북조선 사절단이 남조선을 방문했을 때 대한민국의 국회의원 한 분이 북조선 청년 수행원에게 말하길 "우리 대에선 통일을 못 했으니 자네 세대에서는 통일을 하시게."라고 했더니 북조선 청년 수행원은 "당신들 세대에 못한 것을 왜 우리 세대에게 미룹네까?"라고 말하여 남측 인사들의 말문을 막히게 한 적도 있다.

나는 6.25사변 전시에 여러 약 100명의 포로들 총으로 죽이라는 명령을 받고 시행한 사람의 이야기를 들은 적이 있다. 그의 말은 첫날에 약 20명을 죽였는데 밤에 악몽을 꾸며 시달렸다. 그러나 이틀, 삼 일 작업이 계속되자 그저 통나무에 총을 쏘듯 아무 감각이 없어졌다 한다.

인간의 양심도 마찬가지다.

사람을 속여 득을 취하는 작업을 반복하면 양심은 허공의 언어일 뿐이다.

북조선에서의 인간의 양심이란 것은 강력 소멸되어야 할 존재이다.

대한민국 사회에서의 양심이란 단어와 북조선에서의 양심이란 뜻은 다른 단어다.

미제와 맞짱을 뜨기 위해서 국가 차원에서 양심 소멸 교화를 진행하고 있다.

남북 경제와 6.25

1963년 남조선의 1인당 국민소득은 60달러 북조선은 300달러에 달했다.

게다가 대한민국은 자본가들이 부를 축적하여 부의 편중이 심했고 조선시대부터 이어 온 그리고 일제시대에도 답습된 높은 자와 낮은 자, 가진 자와 못 가진 자의 사회구조가 당연한 것 같은 노예 근성이 저변에 깔려 있었다.

당시 북한은 일제에 협력하던 자들에 대한 색출 및 징벌 작업에 성공하고 경제적으로도 부가 편중되지 않는 사회 구조로 남한보다 5배 이상 윤택하였다.

각 가정에 쌀은 물론 바나나, 파인애플, 귤 등 남방(남쪽) 과일이 균등히 공급되었고 지주 계급을 타파한 인민들은 천 년 만에 자기 땅을 가지게 되었고 그 땅을 서로 연결하여 집단 농장에서 땅을 일구고 농작물을 생산하여 각기 배급을 받는 천국의 나라였다.

대한민국에서 학비가 없어 학생들이 선생에게 구타를 당하고 수업료를 가져오라고 수업 중 집으로 쫓겨나던 시절 북조선은 만 5세부터 16세까지 전 인민 무상 교육이었다.

김일성은 진심으로 남조선 인민들의 구제를 원했고 평화 통일도 원했다.

굶주림에 헤어나지 못하고 있는 남조선을 해방시켜 북조선처럼 윤택하게 살게 해 주어야 한다는 사명감과 민족애가 바탕에 깔려 있었다.

여기서 걸리는 부분은 6.25이다.

평화통일을 원하는 자가 전쟁을 일으킨다고?

말이 되나?

북조선의 입장은 이러하다.

미 군정이 지배하고 있던 남조선은 국가의 주인이 없는 무주지(無主地)였다.

미군은 대한민국의 식민 지배를 원할 뿐 남북통일에는 관심이 없는 나라였고 오히려 북조선의 국경에 무수한 도발을 일삼았다.

그리고 전쟁을 일으켜 미국 경제를 살리고 중국을 경계할 수 있는 영토가 필요했었다.

북조선에서는 다양한 자료와 증빙으로 북침을 주장하고 있으며 전부 조작이라고 하기에는 무리가 있을 정도로 많은 사료를 가지고 있다.

프랑스의 저명한 작가 루이제 린저는 북조선과 대한민국 양국에 오래 체류하며 6.25 전쟁의 사료를 수집하여 미국의 선(先) 북침이라는 결론을 내린 바 있다.

현재로서는 북조선 사학자들과 대한민국의 사학자들이 머리를 맞대고 공동연구를 하기 쉽지 않아 보이고 설사 마주한다 해도 정치적 논리의 장애로 결론을 내기 쉽지 않을 것이다.

미 군정 시절이었던 남한은 조국통일전쟁(6.25)에 대한 자료 혹은 증빙을 많이 가지고 있지 못하다.
6.25는 북침이다.

남조선 동포들이여!
그리고 사학자들이여….

여러분은 그저 남조선이 북침을 했다면 어찌 3일 만에 서울까지 북한군이 내려올 수 있는가라는 논리에 매몰되어 있다.

이것은 미군이 먼저 북침을 했고 뒤로 빠진 후 전쟁을 일으킨 것이다.
즉 미 제국주의(美 帝國主義)부터 만들어진 전쟁인 것이다.

내 머리 속에는 아직도 6.25는 북침으로 되어 있다.

종교는 인민의 아편?

종교라는 것이 무엇인지는 모르지만 대한민국에 와서 들은 바에 의하면 기독교는 예수라는 신이 하늘에 있어 그것을 믿는다고만 들었다.

처녀가 남성과 성관계 없이 아이를 낳았고 그 아들이 예수라는 신이라 하였다.

도대체 이해가 가지 않는 사상이었다.

김일성 장군께서는 모래알로 쌀을 만드시고 나뭇잎을 타고 강을 건너셨다.

예수의 손이 닿자 한 개의 빵이 수천 개로 늘어나며 물 위를 걸어 강을 건넜다.

이런 것인가?

어느 날 모 교회 장로라는 분이 나에게 전화를 하였다.

교회에 나와서 모인 사람들에게 북조선의 상황에 대해 약 두 시간 정도만 이야기를 해주면 삼십만 원을 준다는 것이었다.

삼십만 원이면 300달러 아닌가?

북조선에서는 상상하기 힘든 강연료였다.

"그럼 그러티! 나는 유명인사인 게야."

청중 앞에 서는 것도 자랑거리가 될 일인데 돈까지 준다니!

우쭐한 마음에 들뜬 기분이 들었다.

무슨 이야기를 해야 인민들이 감동을 느낄 수 있을까.

일단 북조선을 까부수는 이야기를 하고 북조선에서는 내가 신으로 모시던 김 장군(김일성) 일가를 패륜 집단으로 몰고 가는 기야.

글케 해야 남조선 인민들은 감동할끼야.

이삼 일 동안 원고를 작성하였다.

마침내 교회라는 곳에 도착하였다.

교탁이라 하기엔 너무 크고 넓었으며 나무인지 돌로 만든 것인지 모를 재질의 제단이 있었다. 제단 뒤편에는 벽면 전체를 덮는 검붉은 커튼이 걸려져 있고 예수라는 존재가 반 나체로 걸려 있었다. 뒤편에는 몸에 휘장을 두른 나이 지긋한 노인네들이 20명쯤 앉아 있었고 왠지는 모르지만 현대식 전자 기타 몇 개와 드럼도 한 귀퉁이에 놓여 있었다.

먼저 장로라고 하는 분이 나와서 강단에 섰다.

"주 예수를 찬양하사 우리는 여기에 모였고…"라고 시작되는 말을 하였는데 도통 무슨 이야기인지 알아들을 수가 없었다. 청중들은 장로의 말 중간에 "쉬" "쉬" 소리를 내며 뭔가 탄식하는 듯한 탄사를 내었는데 한두 명이 아니고 모두들 그 소리를 내고 있었다.

훗날 그 말이 "주여! 주여!"라고 외치는 말이라는 것을 알았다.

청중이 생각보다 많았다. 족히 삼백이 넘어 보였다.

떨렸다.

그래도 북조선에서 사상투쟁을 위한 논리적 사고를 어려서부터 익혀 온 나 아닌가….

안녕하십네까, 여러분!

저는 북한에서 탈북한 박민철이라고 합네다.

북조선이란 말 대신 북한이란 말이 좀 어색했다.

저는 북한을 탈출해 두만강을 넘어 중국에서 7년간 도망자 생활을 하였습니다.

살을 깎는 듯한 추위에 허기진 배를 움츠리고 얼어붙은 강을 넘으면서도 북에 있는 가족과 자식들이 떠올라 다시 돌아갈까 하는 생각도 들었습니다.

그래 딱 삼 개월만 중국에서 쓰레기를 뒤져서라도 식량을 구해 다시 북조선으로 돌아가자 하고 마음을 먹었는데 연길 장마당의 쓰레기통을 뒤져 혼자의 먹거리로는 충분했습네다. 그러나 돈을 모아 북한으로 돌아가야 하는데 돈을 벌 길이 없었습니다.

그렇게 1년이라는 시간이 흐른 뒤 연길에서 목회활동을 하고 계시는 목사님들께서 저 같은 탈북자를 돕는다고 해서 찾아가 도움을 청하였고 이후 기독교를 접하며 이 세상이 김일성의 뜻대로 흘러가는 것이 아니라 하나님의 계시로 조화롭고 평화롭게 흘러가고 있음을 절절한 마음으로 알게 되었습니다!

여기 저기서 "추" "추" "추" 소리가 내가 놀랄 정도로 튀어나왔다.
"글티! 강의는 이렇게 하는기야!"

실상 내 말은 전부 거짓이었다. 속으로 나는 낄낄대며 웃었다.

두 시간이 어찌 지나갔나 모르게 흘렀고 나는 정당한 뿌듯함을 느끼며 장로들 사이에 앉아 있었다.

그리고 찬송가 시간이 되었고 평화로운 음악이 흘러나오며 몇몇 젊은 이들이 전자 기타와 드럼을 치며 흥을 돋구었다.
한 이십 분 정도 찬송음악이 흐르고 나서 목사라는 분이 나와서 역시 알아들을 수 없는 말을 지껄이더니 "자! 다 함께 통성기도를 하겠습니다!"

라고 말하자 갑자기 사람들이 소리를 지르며 전혀 알아들을 수 없는 말을 자신들의 괴성을 지르기 시작했다, 동물의 울음 소리 같기도 했고 분노의 배설 같기도 했다.

수백 명의 사람들이 두 팔을 앞으로 혹은 위로 뻗어 울부짖고 있었다.

심지어 어떤 이는 눈물을 마구 흘리더니 심지어 땅바닥에 구르며 온몸에 발작이 난 듯 손 발을 허공에다 대고 발작을 하며 마치 짐승의 소리처럼 괴성을 짖으며 울부짖고 있는 것이 아닌가!

나는 번쩍 놀랐고 갑자기 몸이 경직되었다.

이게 무슨 상황이지?

갑자기 내가 다른 공간으로 이동됐나?

내 두 다리가 후들거리고 내 눈의 동공이 마구 흔들렸다.

과연 이 장면을
어찌 생각해야 하나?

몇 분, 몇 시간이 흐른지도 몰랐다. 내 몸에는 식은 땀이 흥건하고 내가 의자에서 일어난 것마저 못 느끼고 있었다.

체계적으로 교활함과 강건한 사상무장을 교육받은 나는 순간적으로 북조선의 삶이 떠올랐다.

나는 얼굴이 벌개진 상태로 교회를 나오며 저절로 뇌까려 졌다.

"북조선의 사상투쟁은 여기에 비하면 태산 밑의 한 줌 재도 안 되는구만!"

남조선인 약탈

북조선에서 가진 미국에 대한 인식은 이러하다.

본시 인디언들이 살고 있던 땅을 살육으로 쟁취한 후 실질적으로 세계를 지배하고 있는 악질 자본주의자들이며 가난한 자는 어디나 존재하고 또 존재해 왔으며 앞으로도 그러한 것이 당연한 논리라는 사회 집단.

자국의 득을 위해서라면 일부러라도 전쟁을 만들어 내어 (베트남의 통킹만에서 자국 배를 일부러 폭파시키고 베트남군이 공격했다고 뒤집어 씌워 베트남 전쟁은 시작되었다) 자국 경제의 득을 취하는 국가. 세계의 경찰이라는 미명하에 타국을 자본적, 문화적, 종교적으로 침탈하는 악성 자본주의 국가.

북조선을 국가로 인정하고 체제를 전복하지 않겠다는 조약을 해 주면 핵을 포기하겠다는 북조선의 제안을 거부하는 나라.

나는 중국 도문을 거쳐 연길로 온 이유 중 하나도 연길에는 대한민국 사람들이 많이 살고 그들은 돈이 많다는 이야기를 들어서였다.

탈북 후 중국 도문에서 만나 잠시 함께 생활했던 같은 탈북자 김경필의 말이 떠올랐다.

남조선 사람들의 돈은 우리가 약탈이라도 해서 뺏어오는 거이 맞는 기야.

남조선 사람들의 돈이라는 것은 고조 미제의 앞잡이 노릇하며 미국 놈 똥구멍이나 빨아 벌어 들여온 돈 아니갔네.

나라를 미국에 팔아먹고 미국 놈이 방귀를 뀌면 설사와 복통을 일으킬 나라가 남조선이고 민족의 자존과 영혼까지 팔아 처먹은 남조선은 괴멸 되어야 할 나라인 기야.

그런 돈들은 민족의 본류이자 조선을 지탱하고 있듯 우리가 돈을 가져 오는 거이 당연한 기야! 창피하게 느껴야 할 사람들은 오히려 남조선 인 민들 아니갔어?

연길에 3년을 체류하며 한국인 사업가도 만나게 되었고 개중에는 그냥 같은 동포로서 순수한 마음으로 나를 돕는 이들이 많았다.

김경필과 나는 의기투합했다. 비록 우리가 공화국의 법을 어겨 쫓기는 신세가 되었으나 중국이란 땅에서 남조선인들을 돈을 갈취해 보기로 한 것이다. 국가 차원에서 체계적 교활함을 어려서부터 배워 온 우리로서는 남조선 사람들을 속이는 것은 어려운 일이 아니었다. 동정심과 동포애 유 발 그리고 나는 옳은데 북조선이 나쁘다 하면 모두 쉽게 넘어왔다.

발 빠른 김경필은 꼬이방이라는 연길의 조선족 깡패 조직과 어울리며 한 패거리가 되었고 대한민국 국적자들의 집만 알아내서 조선족 깡패집단인 꼬이방에 정보를 주면 그들이 대한민국 사람 가정을 털면 되는 것이었다. 중국의 경우 은행이 원활한 구실을 못해 대한민국 사람들은 집안에 현금을 많이 가지고 있는 것을 알고 있었다.

첫 번째, 두 번째 집을 털어 이만오천 달러가 생겼다, 내가 10%를 먹기로 했으니 현금 이천오백 달라가 수중에 들어왔고 꼬이방 동지들이 숙식까지 해결해 주니 이만한 사업이 어디 있는가?

대한민국 가정이 도둑을 맞았다고 한국인으로부터 연락이 오면 나와 김경필은 제일 먼저 달려가서 겁에 질린 대한민국 사람들 집을 지켜 주겠다고 하며 며칠을 함께 머물러 주었다.

즉 도둑놈이 자기가 도둑질한 곳을 지켜 주겠다고 나서는 것이었다.

대한민국 사람으로부터 신임을 얻으면 얻을수록 더 많은 정보를 얻을 수 있기 때문이었다.

시간이 지나며 대담해지며 3년간 아홉 집을 털었다.

돈도 충분히 모였다.

그러다가 약간 이상한 낌새를 느꼈다. 한두 명의 대한민국 사업가가 혹시 김경필이나 내가 조선족 깡패들과 연계되어 집을 터는 것이 아닌가 하는 의심을 받는다는 낌새를 느꼈다.

나와 김경필은, 어떤 계기가 있어서가 아니라 동물적으로 느낄 수 있는 북조선 공화국의 경계 교육 덕분이었다.

새로운 작전을 짰다.

새로 대한민국에서 온 사업가였는데 역시 다른 대한민국 사업가로부터 소개를 받아 신임을 얻었다. 김 사장이라 불리우는 그 사람의 물건이 연길에 도착하여 김 사장 집에 도착하였다.

모조 액세서리였는데 김 사장 집안에 전시실까지 갖추어 있어 브로우치며 팔찌며 다양했고 모두 10만 달라어치라고 하였다. 서 시장 옆에 얻은 아파트는 제법 커서 한 방은 액세서리 전시실, 다른 방은 거실 겸 사무실, 다른 한 방은 김 사장의 침실 나머지 한 방은 김경필과 내가 거주하였다.

김경필과 나는 "우리가 일부 장마당에 내다 팔아 이익금을 챙겨 드릴 테니 이백 불어치만 물건을 주시면 한번 팔아 보갔시요."

김 사장은 시장 조사도 된다며 순순히 응했다.

이백 불어치를 받아 하루에 모두 팔았고 삼백 달러가 되었다. 김 사장은 잘했다며 우리에게 오십 달러씩을 주었다.

그렇게 신임이 두터워지고 3주 후, 김 사장과 함께 기거하던 아파트에 총과 칼을 든 조선족 깡패가 들이닥쳤다.

누군가 벨을 누르고 김 사장이 문을 연 순간 곧 바로 칼끝이 김 사장의 목 밑에 들어왔다. 김경필과 나는 "누구야!"라며 소리를 질렀고 우리 두 사람에게는 총구가 들어오며 총 손잡이로 우리 둘의 머리를 내리쳤다. 순간 머리가 아득했고 쓰러졌다, 모두 여섯 명의 깡패들이 김 사장의 입을 테이프로 막고 눈까지 테이프로 칭칭 둘렀다. 두 손은 역시 테이프로 감더니 의자에 앉혀 고정시켜 놓았다.

그다음은 쓰러져 있는 우리들 차례였다 얼굴과 이마에서 피가 흘렀다. 우리 역시 온몸을 테이프로 감아 놓고는 그들이 여러 액세서리 등 물건을 모으는 소리가 들렸고 그들은 사라졌다.

그 모든 과정이 불과 십 분이나 되었을까?

이후 몇 분 혹은 몇 시간이 흘렀는지 몰랐다. 공포감 외에는 아무 느낌이 없었다.

그러다가 집안 청소를 해 주던 청소부 아줌마가 문을 따고 들어왔고 우리의 모습을 보고는 "악!" 하는 비명소리와 함께 뒤로 자빠졌다.

이후 중국 공안에 신고가 되었고 김 사장과 우리는 한국 영사관에 도움을 청하여 임시로 숙소를 다른 곳으로 옮기게 되었으며 전 재산을 잃고 칼끝 협박에 결박을 당했던 김 사장은 충격을 이기지 못하고 열흘 후에 한국으로 돌아 갔다.

그날 밤 김경필은 나와 연길 서시장 진달래 국수 집에서 만났다. 경필은 나에게 귓속말로 속삭였다.

"이보라우! 우리 과업은 성공이야."

천안함 유감

천안함의 피폭(?)으로 한동안 대한민국 사회가 소란스러웠다.

합동조사에 응했던 러시아의 의견과 미국 그리고 한국의 입장이 달랐다.

본시 남북 간의 군사적 사고 발생 시 북한 조사관도 참석한다는 합의서가 채택된 것이 과거 남북군사합의서에 명시되어 있으나 남한은 북조선 참관인의 입회를 거절하였다.

여하튼 남측과 미국에서는 북측의 공격이라 하고 러시아 조사단에서는 천안함의 자체 결함에 의한 폭발이거나 바다에 떠 있던 수뢰와 부딪힌 사건이라고 발표를 하고 있다.

누구 말을 믿어야 하는가?

내가 의심하고 있는 한 가지는 천안함을 때린 포탄 잔해에서 1번이라는 표기가 있었다는 것이다. 포탄이든 미사일이든 잔해는 남는다.

어느 국가가 포탄을 쏘며 자국이 쏘았다는 것을 알도록 조선어로 1번이라고 명확히 적어 놓는다는 말인가?

내가 쏴~ 았다?

이런 것인가?

이렇게 어떤 현상이 각각의 정치적 목적에 의해 해답이 없는 결론이 되어서는 안 된다. 천안함뿐만 이겠는가? 과거 여러 양민 학살 사건도 정치적 목적으로 사장되어서는 안 된다.

참고로 나는 북조선 해상군대에서 12년을 근무하였다.

탈북인과 만난 한국인

나는 대한민국 사람으로서 중국 연길에 사업장을 가지고 있었고 북경과 연길을 오가며 사업을 하면서 우연히 혹은 호기심에 혹은 도대체 북한인 들은 어떤 사람들인가 궁금하기도 하여 탈북자들을 접할 기회가 있었다.

때론 북한사회를 알게 되는 재미도 있었고 한편으로는 작은 돈으로나 마 그들을 돕는다는 우쭐함이 있었다.

한번은 말로만 듣던 아오지 탄광으로부터 탈북한 이를 만났다.

기존에 압록강을 넘어 탈북한 이들이 많아 가끔 만나 북조선 이야기들 을 듣고 남한의 우월함을 설파(?)했던 나였기에 탈북자를 만나는 것이 그 리 낯설지 않은 일이었다.

화룡 초두부 집….
연길에서도 구석진 곳에 위치한 허름하고 작은 식당이지만 초 두부, 부 침더덕, 돼지 빈대떡 등을 파는 맛깔스러운 집이었다.

기존 탈북자였던 김 모 씨를 통해 기아에 못 견뎌 압록강을 넘은 장 모 씨를 화룡 초두부 집에서 만났다.

"나는 남조선 사람이외다.
여기서 사업을 하는 사람인데 가끔 동포들을 돕고 있시요.
고죠 긴장하지 말고 음식이나 드시라요…."

함경도를 고향으로 두셨던 나의 아버지와 황해도 출신의 어머니 때문에 어려서부터 함경도나 황해도 말을 듣고 자란 나는 북조선 말투에 익숙했다.

몸무게는 얼핏 봐도 40킬로 될까 말까?
깡마른 체구에 흑인에 가까운 새까만 얼굴. 살쾡이처럼 반짝이는 야생의 눈….
1초에도 여러 번 움직이는 의혹의 눈….

"동무 술 한잔하시갔소?"
내 앞엔 중국 빠이주(백주)가 놓여 있었다.
"다른 건 몰라도 술은 마시는 재간이 있시요."

그가 답했다.

"언제 뛰었소(도망쳤소)?"

"이틀 전 도강해서 오늘이 삼 일 됐습네다."

"나이는 어케 되십니까?"

"서른둘이야요…."

그렇구만….

일부러 이름도 묻지 않았다.

"동무래 삼 일 전 뛰고 오늘 남조선 사람을 처음 만났으니 많이 긴장될 끼야."

"나는 남조선 국정원 사람은 아니니끼니 일단 안심 하라우….
난 그저 이 동네에서 장사하는 사람이야요…."

"근데 왜 뛰었습네까(도망했습니까)?"
직설적으로 물어보았다.

"아오지 탄광에서 십삼 년 근무했시요.
친애하는 김정일 동지께서는 인민을 잘 보살피시는데 미국 놈들이 우리 공화국의 앞날을 막으매 어카갔습네까? 식량은 공급이 안 되어 없지요. 전체 반원들이 굶어 힘이 없으니 탄광을 팔 재간이 있갔습네까?"
"삼 년째 강냉이 죽을 하루 일백오십 그람씩 주매 땅굴을 파는데 죽어

나가는 이가 부지기수야요." 탈북자의 말이었다.

"고죠 오늘은 많이 긴장하셨을 테니 하룻밤 잘 생각해 보시고 내일 이 시간 이 장소로 다시 오시지요. 맘에 안 내키면 안 오셔도 됩네다." 나는 말했다.

다음 날 같은 시각 화룡 초두부 집.

그가 약 10분 늦게 도착했다. 나중에 들어보니 밖에서 나와 동행인이 있는지 혹은 국정원의 체포 조와 같이 왔는지를 밖에서 두 시간이나 지켜보고 있었다고 했다.

핼쑥한 얼굴이었다.

어제는 잘 주무시었소? 내가 물었다.

"고기 먹었던 기억이 아득한데 어제 기름기를 먹고는 밤새 설사를 했시요."

"그래 앞으로 어찌 살아갈까요?"

"아무 계획 업시요…. 내가 도강을 한 것은 내가 배고파 쓰러질 판이라 북조선에서 나무껍질을 베어 먹다 죽느니 중국 땅에 와서 쓰레기 밭에서라도 먹을 것이 있갔지, 하는 생각 하나하고 북에 두고 온 내 두 새끼들에게 딱 한번이라도 밥을 실컷 맥여 보고 죽자…. 이 생각밖에 없시요."

인간도 생물이라서 굶주린 창자 앞에서는 먹어야 한다는 한 가지 목표만 있을 뿐이다.

나는 집에 돌아와 또 다른 빠이주를 한잔하며 생각에 잠겼다.
얼음 위에서 휴머니즘은 없다.

내가 존경하는 대한민국의 소설가 이병주 그리고 조정래 선배님!
이럴 땐 어찌 해야 되나요?

운명의 한반도

합리와 불합리는 공생관계이다.

모기는 사람의 피를 빨아 산다.
안 그러면 사람들이 모기를 죽이지 않으니까….

조화다.
현재까지는 합리보다는 불합리가 더 많은 듯하다.
혹은 현재 인간이 생각하는 불합리가 세계를 정복하며 합리라는 명칭
으로 바뀔지도 모르는 일이다.

북조선과 아프리카에서는 굶주려 나가는 이들이 태산 같고 세계 도처
에 살인과 학살, 테러, 고문 등이 아직 횡행하다.

오래 전 한국의 예를 보자.
박정희의 사상적 지주였고 그가 좋아했던 인물이 박정희의 둘째 형이
박상희이다.

또한 박상희와 뜻을 같이하여 박정희를 어려서부터 지도해 온 사람이 황태성이란 인물이다. 박상희와 황태성은 모두 사회주의자였다.

박상희는 이승만 정부시절 대구반란 사건 시 총에 맞아 사살되었고 황태성은 그의 이념을 따라 북조선으로 월북한 인물이다.

훗날 김일성의 사신이자 사적으로는 박정희의 사상적 스승이었던 황태성이 통일문제를 논의하고자 북조선으로부터 대한민국을 방문하였는데 박정희를 만나 보지도 못하고 중앙정보부에 의해 살해당했다. 적국이라 할지라도 사신을 죽인 일은 역사상 유래 없는 일이다. 이후락 정보부장을 비밀리에 초대했던 김일성은 그를 죽이지 않았다.

어느 우화가 떠올랐다.

어느 농촌에 여러 가구가 살고 있었는데 하루는 박첨지가 옆집 김첨지에게 가서 말했다. "이보게. 내가 마침 낫이 망가져서 오늘 밭에 못 가게 생겼네, 낫을 좀 빌려줄 수 있겠나?" 김첨지는 야박하게 말했다. "나는 낫이 없네!"

다음 농번기가 되어 반대로 김첨지가 박첨지에게 와서
"이보게. 내가 오늘 낫이 필요한데 빌려줄 수 있겠나?" 하고 청했다.

이때 박첨지가 만일 "자네가 지난 농사 때 내가 낫을 빌려달라 했는데 안 빌려주었으니 나도 빌려주지 않겠네."라고 말하는 것을 복수라 한다.

그런데 "자네는 나에게 낫을 빌려주지 않았지만 나는 자네에게 낫을 빌려주겠네."라고 말하는 것을 증오라 한다.

만일 그때 황태성을 통해 전달된 김일성의 통일 제안을 박정희가 받아들였다면 한반도의 역사와 지형은 많이 달라졌을 것이다. 당시 북조선에서는 아주 큰 사건으로 보도되었고 남북관계는 결정적으로 적국이 되었다.

적어도 박정희 정권 그리고 미국은 한반도 통일을 원하지 않았던 것으로 생각된다.

부자 나라 북조선

　나는 대한민국 사람들이 북조선은 오래전부터 헐벗고 굶주린 나라로만 인식하고 있음을 알고 적잖이 놀란 적이 있다. 1960년대와 1970년대 나아가 1980년까지 북조선 경제는 남한을 앞섰고 1960년대에 대한민국의 지방 지역에서는 전기도 들어오지 않는 지역이 태반이었을 때 북조선에서는 지하철이 다녔다.

　세 살부터 탁아소를 무료로 운영하여 온 나라의 아기들이 보호를 받고 부모들은 사업장에 나가 인민과 국가를 위해 땀 흘려 일하며 16세까지 무상이자 의무교육이며 모든 병원은 국가에서 무료로 운영하며 쌀과 고기, 생선, 귤, 망고 등의 남방(남쪽)과일이 각 가정에 인원대로 공평히 배분되니 천 년, 만 년 만에 이루어진 지상낙원이었다.

　1948년 해방 이후부터 80년대 초까지 이어진 풍요로웠던 북조선에 대해 당시 대한민국 정부는 무엇이라 했는가?

　헐벗고 굶주리며 사람을 마구 죽여대는 괴물로 선전하지 않았던가!

평양에 지하철이 다닐 때 대한민국에는 서울 외에 전기가 들어오는 집이 몇이나 되었던가. 전기는 고사하고 끼니를 거르며 영양실조에 걸려도 돈이 없어 병원도 못 가고 죽어가는 생명이 얼마나 많았던가?

나는 생각했다 "이 나라 사람들도 많이 세뇌되어 있구나."

북조선과 동구사회주의 국가에서는 험한 일을 하는 쓰레기 수거원, 병원 보조자 도로 청소원이나 위험물 취급자들은 일반 급여생활자의 세 배의 봉급을 준다.

대한민국의 경우는 쓰레기 수거 작업하는 직업에도 경쟁률이 3:1 이라는 보도를 보았다.

그리고도 평등한 사회를 말하는 대한민국 정부는 내 눈에 이상하다.

"바보야. 문제는 경제야."라는 미국 대통령 클린턴의 말이 있었다.

즉 잘 먹고 잘사는 것이 핵심이란 이야기인데….

과거 북조선이 월등히 경제적으로 앞서던 시절에 탈남을 하여 북조선으로 간 사람들을 그대들은 비난할 수 있는가?

그대들이 말하는 잘 먹고 잘사는 나라로 가야 한다면 당시 월북인들이 옳지 않았겠는가?

그때는 맞고 지금은 틀리다?

맞는 말이다.

현재 누가 지금 헐벗고 발언의 자유도 없는 북조선에 살고 싶겠는가?

대한민국은 역사를 잊지 말자 한다.

북조선은 풍요롭고 대한민국은 굶주리던 시절 북조선 인민들은 눈물로 남조선 인민해방을 고대하였다. 북조선의 김일성이 주창하던 민족 통일과 순수한 민족애를 되새길 필요가 있지 않은가.

그러나 지금의 남북한은 언어만 통하는 하나의 민족일 뿐 사고방식과 문화가 전혀 다른 외국이다.

자본주의는 돈이라는 것에 매몰되어 있는 사회이며 대한민국은 매몰의 깊이가 깊다.

생각의 감옥

이 세상에 걱정과 근심이 없다면 무슨 재미로 이 세상을 살아간단 말인가?

진정으로 사랑하는 사람을 잃은 자는 두 가지로 나뉜다.
잔인하게 변하던가 스스로 붕괴되든가이다.

생각의 감옥에는 만기출소란 없다.
나는 이제 탈옥하려 한다.

모택동이 이끌던 팔로군 병사였던 김 모 노인에게 들은 이야기다.

팔로군 들이 전쟁을 치르며 행군할 때 농민들의 밭을 지나며 배고픔에
오이 등을 뽑아 먹곤 했는데 뽑은 오이 흙 밑에 동전을 묻었다.

누가 시킨 일도 아니었다.
이렇게 아름다운 세상이 있다니.
우리는 인민을 해방시키는 사람이지 도적이 아니라는 인식이 모두의

머릿속에 있었다. 순도 100%의 군대였다.

　그렇다가 김 노인은 대한민국 땅에 와서 북한을 동조한 간첩 죄로 28년
간 수형 생활을 하면서도 전향하지 않았고 만기 출소하여 지금 대한민국
에서 살고 있다.
　사고의 고착화처럼 무서운 것은 없다.

　김 노인은 아직도 북조선에서는 그런 평화로움이 있는 것으로 생각하
고 있는 것이다.
　쏘련의 경우도 1993년 고르바쵸프 실각 전까지는 각 가정의 대문에 자
물쇠가 없었다. 즉 도둑이 없으니 현관의 자물쇠가 필요 없었다.
　이후 사회가 붕괴되면서 자본주의가 들어왔고 지금은 거의 모든 가정
의 대문이 이중문이다.

나폴레옹과 제너

인간은 멋지게 살육하는 인간을 좋아한다.
사람이라는 종은 다른 사람을 싫어하기를 좋아한다.

중국의 노벨문학상 수상자인 라우쉰이 설파한 말이다.

남의 땅을 침략하고 살육한 나폴레옹은 영웅시하면서 페스트 균을 박멸하는 페니실린을 발명하여 수억의 인구를 구한 제너는 누구인지 잘 모른다.
이러한 살육에 정당성을 부여하면서부터 인류의 전쟁은 시작되었다.

인간이 만든 법이라는 것은 그리 촘촘하지 못하다.
하물며 법이 권력의 영향을 받으면 그 기능은 상실되거나 도덕성이 없는 정권의 도구일 뿐이다.
역사의 기술(技術)은 화학적 결합과 같이 섞어 놓아서 분리할 수가 없다.
패권자가 자기 마음대로 고쳐 놓았을 뿐이다.

독립운동가에게 있어서 가정이란 커다란 짐이었다.

가족과의 정을 끊어 내야만 본인 목숨을 바쳐 독립운동을 할 수 있는 것이다.

우리는 그들의 고통을 기억해야 한다.

필자는 안중근 의사의 후손들을 만나 본 적이 있다.

열악하다고는 할 수 없었으나 가난한 삶을 살고 있었다.

이들에게 갑작스레 부를 지원할 수는 없더라도 안중근의 후예라는 자부심을 가질 수 있도록 사회적 장치가 필요하다.

대한민국은 제주 4.3사태, 거창 양민 학살 사건, 부마항쟁, 광주 민주화 운동 등 수많은 학살 사건이 있었다. 당시 동족을 죽인 사람을 역사에 기록하여 국민들이 알게 해야 하며 더욱 중요한 것은 죄 없이 죽어간 사람들을 발굴하여 역사적 인물로 기억함과 동시에 보상이 이루어져야 할 것이다.

내가 방문했던 중국 상해 임시정부의 정문 앞에는 채 1미터도 떨어지지 않은 실개천에 똥, 오줌 냄새가 진동하는 등 오물투성이였다.

이런 상태에서 한국의 학교, 언론, 정치인들은 애국심을 갖자고 국민에게 호소하고 있다. 상해 임시 정부 앞의 오물부터 치우자.

북조선의 몰락

북조선은 "반대 없는 찬성은 무효다."라는 사회주의 기본 이론을 어기고 반대를 인정하지 않기 때문에 국가를 도탄에 빠뜨린 악성 독재국가가 되었다.

북조선과 러시아의 결정적 잘못은 사회주의 이념을 제대로 실현하지 못한 것이다.

북조선의 황장엽 선생이 주체사상을 만들어 북조선의 진정한 사회주의를 실현하려 했으나 독재 권력과 관료들의 아부와 태만으로 발전이라는 개념이 상실된 것이다.

탈북자에 대한 북조선의 조치를 보자.

사주경계라는 것은 아마도 대한민국에서 군 생활을 한 사람이면 아는 단어일 것이다. 예를 들면 북조선을 떠난 지 이십칠 년이 지난 지금도 혹시나 나의 발언을 누가 들을까 겁난다. 겁나는 이유가 몇 가지 있지만 그중 가장 큰 것은 아직 북조선에 있는 나의 가족 혹은 친족들이 해를 당할까 우려되어서이다.

북조선에서는 처자식이 없는 사람은 해외에서 일하는 외화벌이조로서 외국에서 근로할 자격이 주어지지 않는다.

남조선으로 왔음이 밝혀지는 순간 북조선에서는 탈북자의 삼족을 멸한다.

그런데 내가 남조선에서 T.V나 유튜브를 통해 반북 발언이나 그와 유사한 방송 등을 하면 육족까지 영향을 미친다.

대부분 총살 형이나 노동 교화소에 수용되어 지나친 노동과 식량을 주지 않아 굶어 죽기가 일쑤이다. 특히 북조선에서는 탈 북인과 밀접한 관계자로 낙인이 찍히면 고문을 당하는데 구타 등 별의 별 고문을 다 하지만 그중에서도 고문의 장소에 고문당하는 자의 어머니를 데리고 와서 자식이 고문당하는 모습을 직접 목격하게 한다.

이후 그 어머니가 어떻게 되었는지는 너무 끔찍해 독자의 상상에 맡긴다.

북조선에 있는 나의 자식과 아내, 부모님은 이미 처형당했음을 다른 탈북자로부터 들었다. 삼족을 죽게 한 나다. 나는 더 이상의 친족을 죽일 수 없다. 신분을 밝히며 방송을 하거나 어떤 단체를 결성해 반북 행위를 할 수도 없다.

그렇기에 숨죽이며 살 수밖에 없다.

고향의 달밤

침상 머리 밝은 달빛

땅 위에 내린 서리인가 하였네.

고개 들어 산마루에 걸린 달 쳐다보다가

고개 숙여 고향을 생각하네.

– 이백(李白) –

돈 내고 돈 먹기, 돈을 위해 사람 먹기

나는 대한민국에서 우연히 지인의 세 살짜리 아들 생일 파티에 초대된 적이 있다.

북조선에서 온 나는 이 나라에서는 어찌 생일잔치를 하나 궁금했는데….

생일 선물을 돈이었다.

나는 장난감이나 동화책을 선물로 사다 주려니 하고 생각했는데 착각이었다.

조카들에게 만 원씩….

나중에 알게 되었지만 대한민국은 세 살부터 죽기 전날까지 돈과 관련이 있었다.

망자가 죽을 때 "장례비용은 저기 서랍에 두었다."라는 유언도 들어 봤다.

돈은 삶이고 계급이다.

돈이 없으면 인간의 권리도 없고 하류계급으로 전락해 절박한 생존만

이 존재한다.

돈이 없는 자들에게 삶이란 어둠에 갇힌 빠삐용일 뿐이다.

가끔 T.V에 가난을 뚫고 나와 성공한 사람들의 이야기에 사람들은 감동을 한다.

즉, 가난은 인간을 힘들게 하고 심성을 어지럽히며 정신적, 육체적 영양실조를 유발시키기도 하며 결정적으로 남에 대한 배려보다는 본인 생존에 대한 독기를 품고 평생을 산다.

이런 가난을 왜 방치하는가?

처음부터 가난이란 것을 없앨 방법은 무엇일까?

남조선에 와서 살다 보니 많은 이들이 주식이란 것을 하고 있었다.

도대체 주식이란 것이 무엇인가 하고 간간히 귀동냥을 해 보곤 했다.

돈을 득한 사람은 그저 말이 없고 잃은 사람은 탄식하였다.

전 재산을 잃고 고통스러워하는 사람도 보았고 자살하는 이도 있다고 들었다.

나중에 알게 된 것이지만 주식이란 것은 공인된 투전 판이라는 것을 알게 되었다.

인간만이 인간을 먹는다.

사람이 인육을 식용으로 섭취한 역사가 있었다고 알고 있다.

1990년대 고난의 행군 시절 나는 북조선에서 죽은 이들의 시체를 먹는 장면을 목도하였다. 이해가 가는 일이다.

생태계적 관점으로 보면 인간은 다른 생물보다 못한 점이 있다.

소는 배고파도 풀을 천천히 뜯는다. 사자는 배가 채워지면 먹이에서 멀어진다.

이후에는 하이에나와 수리 등이 날아와 잔반 처리를 한다. 조화로운 일이다.

자본주의자들은 과식주의자들이다.

넘쳐난 먹이를 스스로 주체를 못하면서도 더욱 먹으려 한다.

돈과 권력을 가지면 지배욕의 쾌락이라는 다른 장르에 도전한다.

그것은 도박의 쾌감보다 즐겁고 마약의 혼미함보다 아름답다.

인간이 인간의 고기를 안 먹은 지가 얼마나 되었을까?

옛날 몽고의 징키스칸이 지금의 한반도를 정벌했을 때 포로를 잡으면 즉시 베어 먹곤 했다. 심지어 "애 밴 여자의 젖가슴 살이 제일 맛있다."라는 기록까지 있다.

인간이 인간의 고기를 안 먹은 지는 불과 천 년도 안 된다.

짐승은 동족을 잡아먹지 않는다.

짐승은 협의체를 구성하다가 먹잇감이 눈앞에 있을 때만 으르렁거린다.

인간은 다른 인간을 이용해 식량을 구한다. 먹잇감이 없으면 다른 인간을 먹는다.

"많은 사람들을 만나고 나서부터 나는 개를 좋아하게 됐다."라는 말이 있다.

그래서 대한민국에서는 많은 사람들이 개를 키우는 것 같다.

할머니와 햄버거

오거리 역 입구

많은 행상들 중 한 할머니가

길바닥에 난전을 열어

손님을 기다리며

햄버거를 먹고 계신다

팽한 눈과 악다구니의 관자놀이

움직임이 신성하다

굵게 패인 이마의 주름과

햇살에 그을린 광채로운 피부

이것을 역사(歷史)라 한다

어둑한 길

한 젊은이가 벽에 손을 짚고

흐느끼고 있다

계급사회

'사람은 고쳐 쓰는 게 아니다.'라는 말이 인구에 회자되고 있다.

이렇게 잔인한 말이 있을까?

나쁜 인간의 타고난 DNA는 교육으로도 안 되고 교활한 사회성만 가지고 있다는 말인가?

그렇다면 과연 지식은 필요한 것인가?

중국의 마오쩌둥 시절에 문화혁명이 있었다.

많은 지식인들을 죽이고 나이 어린 학생들이 교장 선생을 몽둥이로 때려 죽이기도 했다. 심지어 부모 형제를 고발하기도 했다. 10년간 대학의 문은 닫혀 있었다.

과연 마오쩌둥이 잘못한 것인가….

지식인의 기득권 타파. 지식인의 우월한 계급 타파,

여하튼 현재 중국은 세계 제2위의 국가 아닌가….

계급사회가 아닌 곳이 지구상에 있는가?

북조선은 왕정국가이니 왕과 신하들 외에는 그저 평민이다. 대한민국은 어떤가?

학벌계급, 화폐계급 사회다. 중 고등학교에서 좋은 성적을 내고 좋은 대학에 들어가면 평생을 학벌로 우려먹는 사회다. 물론 국가차원에서 인간을 걸러낼 대안이 없다고 말할 것이다.

그럼 다른 수단은 무엇인가?

나는 서울 모 고등학교에서 청소 노동자로 일한 적이 있다.

학교 복도 청소를 하며 자연히 교실에서 선생님들이 수업하는 모습을 보곤 했다.

학생 수의 절반 정도는 수업 중에 책상에 엎드려 자고 있는데도 선생님들은 아무런 제지를 하고 있지 않았다.

하루는 어떤 교실의 수업 광경을 보게 되었는데 학생 전원이 자고 선생님은 혼자 떠들고 있었다.

그런데 이게 무슨 광경인가? 선생님은 무대의 광대인가?

그냥 입으로 지식장사를 하는 것이니 학생들이 자건 말건 상관없다는 것 아닌가.

북조선에서는 겨울이면 추운 교실에서 공부를 해야 하고 여름이면 더위와 싸우며 공부를 하고 있지만 적어도 교육받는 아이들의 눈망울은 초롱초롱하다.

한참 상상력을 피우고 조갯살처럼 부드러운 청소년기를 사포로 깎는 듯한 압제와 규율로 제압하지 말고 자율을 주어야 한다.

학력 카스트제도, 권력 카르텔이 없어져야 한다. 한국의. 교육제도는 개혁이 아니라 혁명이 필요하다. 현재 대한민국의 학생들은 지옥 속의 고문의 형장에 매일 끌려가는 듯하다.

어린이는 아침에 학교에 가서 어둠이 지기 전에 가정으로 돌아와야 한다.

국가의 위태로움은 교육과 종교의 경멸에서 시작된다.

인민 세뇌

과거 2차 대전 당시 독일의 괴벨스가 말하기를 "각 가정에 라디오 한 대씩만 있으면 나라를 통치할 수 있다."라고 했다. 즉, 인간의 마음을 움직이거나 사상을 심는 일은 아주 쉽다는 이야기이다.

북조선의 경우 아침에 일어나서 학생들은 등교할 때 부모들은 출근할 때 김일성 수령님 초상화에 각도 있는 인사를 하는 것이 48년 광복 이후부터 시행된 일상이었고 이것은 강제성 없이 인민의 자발성에서 시작된 아름다운 영도자에게 감동한 온 나라 인민의 자연발생적 운동이었다.

내가 중국에 머물 때다.

1992년. 중국인들은 발전이라는 개념보다는 있는 그대로의 평화를 즐겼다.
어찌 보면 발전에 대한 개념이 희미했다.
국가가 배급을 주니 그저 평화롭게만 살면 되고 개인의 삶은 국가가 지켜 주는 것이라 생각한 것이다.

좋았던 점은 각 가정의 아파트에 자물쇠가 없다는 것이었다. 도둑이 없는데 왜 자물쇠가 필요한가. 회사에서는 사장과 회계사 등 고위 관리자가 있지만 그들은 하급직원인 공장 근로자나 운전기사와 혼인하는 경우도 흔했다. 계급이 아니라 그저 사랑하는 사람과 살면 되지 삶에 혹은 인간에게 무슨 우열이 있는가?

지금은 중국에서도 다른 형태의 사랑이 지배하고 있다. 그것은 화폐의 양이다.

러시아의 고르바쵸프는 일본 동경대학교에 초청받아 강의를 하였다.

그의 연설에 마지막 말은 이랬다.

"너희들의 삶은 내가 겪은 삶보다 분명 불행할 것이다.

너희들에게 미안하다."

엄밀한 의미에서 민주주의는 과거에도 없었고 미래에도 존재하지 않을 것이다.

다수가 소수를 통치하는 것은 자연에 배치된다.

또한 그러한 통치는 인간에게 어울리지 않을지도 모른다.

자본주의 국가에서는 돈을 따르고 왕정 국가에서는 왕을 따른다.

그리고 신정국가에서는 율법이 전체를 지배한다.

삶의 형태가 다를 뿐이다.

천재는 자기 분야에 몰입되어 미치광이가 되지 않으면 탄생하지 못한다.

아인슈타인이 도스또옙스끼의 문학을 읽었다면 상대성이론은 창조되지 않았을 것이다.

돈과 사회

대한민국에서는 돈을 있어야 살아갈 수 있다.

내가 아는 분의 어머니는 유언으로 "장례비용은 장롱 서랍에 두었다."
라고 하였다 한다.

서너 살쯤이면 돈이 최고의 선물이 되고 죽기 전날까지 돈이라는 것에
얽매여 살아간다.

대한민국에서는 돈이 있어야 살아남고

북조선에서는 사상을 추종해야 살아남는다.

생존의 개념에서는 별 차이가 없다.

전쟁의 기원은 생각보다 간단하다.

양식을 구하기 위해서 혹은 영토를 넓히기 위해서라기보다는 사람들은
다른 사람들을 싫어하기를 좋아하기 때문이다.

이것이 인간의 속성이다.

현재의 우리가 살고 있는 상태도 이 명제 속에 있다.

인간이 인간을 싫어하는 한 인류는 옳은 방향으로 갈 수 없다.

형제 간에도 먹잇감을 두고 다투는데 하물며 남에겐 어떻겠는가?

짐승도 먹이 감을 놓고 다투지만 배가 부르면 다투지 않는다.

그러나 인간의 내장에는 포만감이란 없다.

자본이 사람을 내치고 가족을 내치고 사랑을 말살한다.

복어 효과라는 말이 있다.

여러 설이 있으나 과거 미국에서 아프리카로부터 작은 열대어들을 배를 이용해 수입하고자 하였는데. 아프리카 현지의 바닷물을 수조에 담고 온도 역시 현지 수온에 맞추어 미국으로 가져왔더니 70% 이상의 열대어가 죽어 있었다.

여러 연구를 통해 여러 차례 시도했지만 매번 실패였다.

하루는 한 어부가 그들에게 조언하기를 그 수조 통에 복어 한 마리를 집어넣어 운반해 보라고 했다. 그 결과 그 먼 거리를 이동한 90%의 열대어가 살아 남았다.

왜일까? 결론은 이러했다.

열대어 입장에서는 복어라는 놈이 언제 자기를 공격할지 모르기 때문에 긴장을 놓지 않은 것이다. 즉 적절한 긴장감이 없으면 스스로 해이해져 죽게 된다는 것으로 생물학자들이 복어 이론이란 것을 만들게 되었다.

이 이론은 인간에게도 적용되어 인간도 누군가로부터 스트레스를 받거나 혹은 위기 상황에 닥쳤을 때 뇌에서 도파민이 분출되어 스스로 생존할 수 있는 힘이 생성된다는 것이다.

여기서 우리가 생각해 봐야 할 부분은 적당함이라는 것이다.

예를 들어 먼 여정을 가야 하는 배의 수조에 30%가 열대어이고 나머지 70%가 복어와 낙지로 차 있다고 가정을 한다면 처음엔 복어와 낙지가 열대어를 잡아먹다가 열대어를 다 잡아먹고 나서 시간이 흐르면 나중에는 배고픔을 이기지 못한 낙지와 복어의 먹이 전쟁이 일어날 것이다.

결국 서로 잡아먹기를 기도할 것이고 그렇게 서로 간의 숫자가 줄어들어 나중에 최종 승리한 자는 혼자 남게 될 것이다. 그 최종 승리자는 먹이도 없고 도파민도 생성되지 않아 결국 죽게 될 것이다. 멀리서 항해를 마친 배의 텅 빈 수조에는 생선의 배설물만이 남게 될 것이다.

대한민국에는 얼마나 적당한 복어와 낙지가 사회를 이끌어 가는지 생각해 볼 일이다.

지상 낙원

현재는 과거에 지독히 존속된다.

필자의 지인이 중공 인민군에 편입되어 있을 때다.

평생 아니 수백 년 동안 내 땅이라고는 가져 본 적이 없는 그의 족보였다.

그런 그에게 땅을 준단다.

내 땅만 있으면 나와 내 가족들은 굶지 않는다는 처절한 생존의 관성이 있었다.

내가 땅을 경작해서 처자식을 먹여 살릴 수 있고 내가 늙어 힘이 떨어지면 내 자식이 나와 식솔들을 먹여 살릴 것이다.

얼마나 아름다운 일인가….

전투 중에도 때로는 다른 농민의 밭을 밟고 지나며 농민들이 심어 놓은 오이, 당근, 감자 등을 땅에서 뽑아 먹었다. 배가 고팠다.

그러나 땅에서 뽑은 채소나 감자를 심은 뿌리 밑에는 모든 인민군이 그에 해당하는 만큼 혹은 더 비싼 만큼의 동전을 흙 속에 넣고 진군하였다.

아! 하늘이여.

이런 세상이 있다니….

이 땅은 나의 것이 아니라 우리 모두의 것이다.

천국이었다.

쾌락과 삶

카지노의 도박이 마약에 빠진 사람들보다 지독한 중독을 느낀다.

권력을 가지면 지배욕의 쾌락이 동반한다.

그것은 도박의 쾌감보다 즐겁고 마약의 혼미보다 아름답다.

인간은 인간을 지배할 때 가장 큰 쾌감을 느낀다.

도박, 마약, 섹스는 그에 이르지 못한다.

사회주의가 잘 먹고 잘살 때는 사회주의를 따르고 자본주의가 잘살 때는 자본주의를 따르면 된다.

문제는 경제라며?

그럼에도 불구하고 나에겐 아직도 북조선의 독소가 빠지지 않고 있다.

아침 등교 시 김씨 왕조의 사진에 인사를 하고 하교 후 역시 초상화에 인사를 하고 아버지 어머니 모두 집을 나설 때와 돌아와서 똑같은 방식으로 인사를 하고….

신격화된 김씨 일가의 모습을 T.V로 보거나 먼 발치에서라도 바라보면 인민의 삶을 위해 일하시는 장군님의 모습에 감동하여 눈물을 흘린다.

격동적 쾌락이다.

수십 년을 그런 방식으로 살아온 나에게 갑자기 다가온 자본주의와 민주주의라는 말은 어색함을 넘어 쓰라린 소화불량을 겪고 있다.

어려서부터 30년간 먹었던 음식을 갑자기 바꾸기 어려운 것과 같고 목사에게 갑자기 무슬림으로 개종하라고 하는 것과 같다.

외화벌이조

중국에 외화벌이 조로 생활하던 시절, 벌목도하고 도로 건설, 건물 개·보수 등 여러 가지 일을 하였다. 한 달 봉급은 120달러.

대부분의 외화벌이조의 노동자들은 6개월 동안 목욕을 해 본 적이 없었다.

목욕은 고사하고 양치질을 해 본 적이 1년이 넘어 몸에서 썩은 내가 진동을 하였다.

3개월쯤마다 소금을 입에 넣어 손가락으로 입 속을 비비었지만 소금마저 구하기 힘들 때가 많았다.

중국 장마당에서 소금을 살 수 있었지만 두 달에 한 번의 외출 그리고 공화국(북조선)에 보내야 하는 공조비(대북 송금)를 생각해야 하고 무엇보다도 나만 소금을 몰래 모아 두었다가 양치질을 하면 냄새가 달라 안전부(보위부)간부에게 보고되면 나는 자칫 자아비판에 회부되어 북조선으로 다시 송환될지도 모른다는 공포감이 있었다.

어떻게 해서 얻은 외화벌이조 혜택인가?

삼촌이 농산물 관리자라서 나름 신분이 중간 계급에 속했던 터라 그나마 외국에서 쌀밥을 먹고 있는 터….

사주경계라는 것은 아마도 대한민국에서 군 생활을 한 사람이면 아는 단어일 것이다. 북조선을 떠난 지가 이십칠 년인 지금도 혹시나 나의 발언을 누가 들을까 겁난다.

겁나는 이유가 몇 가지 있지만 그중 가장 두려운 것은 아직 북조선에 있는 나의 가족 혹은 친족들이 해를 당할까 우려돼서이다.

남조선으로 탈북했음이 밝혀지는 순간 북조선에서는 삼족을 멸한다.

더욱이 내가 남조선에서 반북 발언이나 그와 유사한 방송 등을 하면 육족을 멸한다.

북조선에 있는 나의 자식과 아내 부모님은 이미 처형당했음을 다른 탈북자로부터 들었다.

삼족을 죽게 한 나다.

나는 더 이상의 친족을 죽일 수 없다.

그래서 숨죽이며 살 수밖에 없고 신분을 밝힐 수 없기에 나의 사주경계는 내 동공에 죽을 때까지 머물 것이다.

대한민국의 티비나 방송매체에 나오는 탈북인들은 어찌 북조선의 가족과 육족까지 미치는 살육행위를 알면서 어찌 저렇게도 얼굴을 밝히고 북조선을 비방할 수 있는지 이해가 되지 않는다.

타살과 자살

북조선에서는 타살이 많고 대한민국에는 자살이 많다.

젊은 시절을 꿈 많고 낭만적인 시절이었다고 흔히 이야기를 하지만 사회 현실과 삶을 깨우쳐 가는 이상과 현실간 괴리의 고통이 얼마나 큰지 아는 사람은 그리 말할 수 없을 것이다.

북조선이 경제적으로 윤택하고 남조선이 기아에 허덕이던 시절 북조선 입장에서는 남조선 해방을 어찌 생각하지 않을 수 있었을까. 그런 측면에서 박정희 대통령을 시해하려던 김신조 파견군은 이해가 가는 측면이 있다.

그러나 이것은 다시 돌이킬 수 없는 과거의 사건일 뿐이다.

현재의 북조선은 공화국을 위해서는 공화국 융성에 저해되는 요인은 약탈, 사기, 강간, 위조, 살인 등 수단 방법을 가리지 않고 해야 한다.

나는 대한민국에 와서 27년을 살았다.

좌파, 우파, 중도.

정확한 구분인지는 모르겠으나 대충 그렇게 보인다.

좌파는 민주화 운동을 통해 민주주의로서 사회개혁을 이루었다고 하고 우파는 자본주의 혹은 자유시장경제체제를 통해 국가의 부유함을 만들어 냈다고 한다.

둘 다 옳다.

허나 서로 백안시하는 부분은, 좌익은 북조선 인민들의 인권에 왜 침묵하고 있는가이고 우익은 평등한 사회를 외치면서 과연 자본주의 사회에서는 평등이 존재할 수 없다는 것을 왜 부정하는 가이다.

야생의 인간들

중국.

문제를 삼지 않으면 문제가 아닌데
문제를 삼으면 문제가 된다.

이 말을 이해하는 데 오래 걸렸다.

중국 연길에서 조그만 봉제 공장 사업을 하는 김 사장에게 들은 일화다.

사무실 직원을 뽑는데 한 여직원이 면접을 보러 왔다.
이 여성은 조선족이었는데 유창하진 않지만 어느 정도 영어를 할 줄 아는 여성이었다. 중국어를 못하는 나에겐 반가운 인물이었다.
영어로 한국이나 미국에서 온 팩스 내용 등을 알아야 하기에 영어를 하는 직원이 필요했다.

여성의 입사 동기를 들어보니 지독한 가난에 남편은 알코올중독자였다.

사정이 딱해 보이고 어느 정도 영어 능력도 있고 해서 그녀를 내 회사의 총무과에 취업을 시키고 남편과 그녀의 남동생을 회사 경비로 채용하였다.

나름 업무도 잘하고 영리해 보여 아끼던 여직원이었다.
1년쯤 근무했을까?
어느 날 그녀는 퇴사를 신청했고 아쉽지만 승인하였다.
퇴사 이유는 고향의 부모님이 위독하다는 것이었다.

그 후 약 1주일 후에 그녀로부터 나에게 편지가 왔다.
10만 달러를 주지 않으면 회사의 비리를 신문사에 알려 기사화할 것이고 당신을 죽일 수도 있다는 협박 편지였다.
"헉!"

중국과 조선족이 싫어지는 순간이었다.

분노와 인간 자체에 대한 회의, 공포심도 밀려왔다.
이에 믿을 만한 중국 직원과 상의를 하였는데 중국의 깡패 혹은 소위 마피아를 동원하여 처리하자는 의견이었다.

좋다!
법이 미치지 못하는 야생에서는 불법은 더 큰 불법으로 제압하는 수밖에….

나는 내 공장의 중국인 직원과 함께 마피아를 직접 만났다.

마피아인지 깡패인지는 몰라도 보기에는 전혀 험한 일에 어울리지 않는 점잖은 차림의 남자가 나타났다.

"악마는 항상 얼굴이 희다, 페인트 칠로 인해⋯."라는 말이 생각났다.

상황을 설명했다.

"그 여자가 원하는 액수가 얼마라구요?

그의 첫 마디였다.

"10만 달러입니다." 김 사장이 말했다.

"우리는 협박 액수의 25%를 받습네다." 그가 말했다.

"만일 내가 동의한다면 그녀를 어떻게 처리할 수 있을까요?"

김 사장이 물었다.

"세 가지 방법이 있습네다. 첫 째는 이 지린성을 떠나 변방에 두어 다시는 이곳에 발을 못 붙이게 하는 방법이 있고 두 번째는 약물 주입으로 머리를 정신질환자로 만들 수 있습네다." 김 사장은 오금이 저렸다.

"세 번째는 그냥 죽여서 러시아 국경 근처 리양라우 갈대숲 속에 던져버리면 며칠 내에 이리 떼들이 달려들어 흔적도 없습네다. 고저 죽이는 것이 가장 간편하디요."

김 사장은 집에 돌아와 삼 일을 못 잤다.

10만 달라면 내 기업이 망할 정도의 돈이지만 어떻게 사람을 죽인단 말인가?

마피아에게 25%를 주면 그냥 알아서 처리한다고 하고서는 죽일 것이라는 느낌이 왔다.

궁하면 통한다 했던가?

한 직원이 신문에 구인 광고를 낸 후 이력서가 들어왔는데 전직 중국 공안이라고 했다. 그것도 공안에 20년이나 근무한 경력이었다. 걱정되는 점은 여성이라는 것이었다.

"빨리 연락해 봐!" 김 사장이 직원에게 지시를 했다.

다음날 그 여성이 왔다. 이름은 류시시라고 했다.

근무 조건을 이야기하고 왜 전직 공안 간부가 여기를 지원했는가를 물었다.

여성이 말하길 일단 월급이 너무 작고 모든 꽌시(관계)로 이루어지는 공안조직에 신물이 났으며 외국계 회사에서 근무하면 월급이나 야간 근무 없이 일할 수 있을 것이라는 답변이었다. 또한 다른 직장에서 일하다가 직장을 그만두게 되면 다시 공안으로 돌아가 근무도 할 수 있다고 했다.

되는 것도 없고 안 되는 것도 없는 중국.

나는 현재 벌어지고 있는 여직원 협박 사건 이야기를 하면서 급여를 다른 이들보다 1.5배 주겠으니 이 사건을 처리할 수 있는가를 통역을 통해 물었다.

"매일 하던 일을 여기서 또 하게 되는군요." 그녀가 대수롭지 않게 말했다.

암컷을 상대할 때 이기는 방법은 다른 암컷과 싸움을 붙이는 것이다.

"협박 편지를 보낸 그녀와 만나자는 약속을 하십시오." 류시시가 그간의 협박 편지와 그녀의 이력서 등을 검토한 후 김 사장에게 말했다.

"약속을 잡고 만나면 내가 무슨 말을 해야 하지요?" 김사장이 말했다.
"예를 들어 식당에서 만나시면 제가 다른 자리에 앉아 있다가 김 사장님 자리로 갈 테니 김사장님은 그러 니 하오(안녕하세요)만 하시면 됩니다."

그날 저녁 협박하던 그녀는 저녁 시간에 또 내 집으로 전화를 했다.
"돈이 준비되셨습네까?"
"현재 2만 달러가 준비되었으니 만나서 당신이 가지고 있다는 우리 회사의 기밀문서를 확인하고 싶소. 복사본이라도 좋으니 내 눈으로 확인한 후에 2만 달러를 우선 주겠소."
김 사장이 과거 그녀와 식사한 적이 있던 표각 반점의 별채 같은 방으로 약속을 잡았다. "내일 오후 4시에 거기서 만납시다."

다음 날.
표각 반점에서 그녀를 만났다.
별채에 앉자 종업원이 다가와 물었다.
"뭘 드실래요?"
김 사장이 말했다. "내가 어떤 음식을 좋아하는지는 이 여자가 알 거요."
가슴이 떨렸다.
그때 류시시가 들어왔다.
류시시는 날더러 나가 있으라고 했다.

바깥 다른 테이블에서 어정쩡하게 기다리고 있는데….

불과 10분이 지났을까?

류시시가 걸어 나왔고 협박하던 여자는 1분쯤 후에 걸어 나왔는데 협박하던 여자는 잘 걷지 못할 정도로 다리가 후들거리고 있었다.

류시시와 나는 짚 차에 올라 다른 식당으로 이동했다.

"이봐, 류시시 어떻게 된 거야? 어떻게 했길래 그 여자가 걷지도 못할 정도로 다리가 후들거린 거야?"

류시시가 말했다.

이렇게 말을 했어요.

"니가 10만 달러를 요구했다는 게 사실이냐?

그녀가 말했다. "그렇다."

"10만 달러를 안 주면 회사의 기밀을 신문에 폭로하고 신변에 위협을 줄 수도 있다는 것이 사실이냐?" 유시시가 말했다.

"그렇다." 그녀가 말했다.

유시시가 말했다. "알았고… 그나저나 너 지금 집에 빨리 가 봐야 할걸? 지금까지의 너의 행위에서 조금만 더 진전이 된다면 너는 물론 너의 가족까지 무사 하지 못할걸?"

그리고 유시시는 협박하던 그녀의 집에 이미 권총으로 무장한 건장한 사내 3명을 배치해 두었던 것이다.

협박하던 여자가 집에 왔을 때 건장한 사내 한 명이 말을 건넸다.

"잘 지내신다면서? 돈은 받았어?"라고 하며 비릿하게 웃었다.

3명의 무장한 사내들은 나중에 알고 보니 유시시가 공안에 있을 때 함께 일했던 형사정사경찰(刑事侦查警察) 소속의 공안원들이었다.

경찰들이 협박하던 여자의 집 앞뒤로 24시간 감시를 하며 3일이 지났을 때였다.

협박하던 여자가 회사로 찾아와 김 사장과 류시시 앞에서 무릎을 꿇고 울며 불며 살려 달라고 애원을 했다.

김 사장과 류시시는 다시는 그러한 행위와 연락 및 이 근처에 나타나지 말 것에 대한 각서를 받고 그녀를 돌려보냈다.

그날 저녁 김 사장은 류시시와 저녁을 같이했고 그날처럼 맛있던 빠이주는 처음이라 말했다.

국가의 정체성

김일성 주석이 국가를 세우면서 국가의 철학적 방향성이 필요했다.

그리하여 북조선을 등지고 대한민국으로 온 황장엽 선생이 만든 사상이 주체 사상이다.

애민 사상과 미래지향점을 적시한 좋은 철학이다.

그러나 말로만 주체 사상을 칭하며 관료 독재와 정권에 의한 공포 정치로 변질되면서 북한은 썩어 갔다.

이에 평생을 철학자이며 외무상으로 일했던 황장엽 선생은 국가의 변질을 보며 처절한 허망함을 느껴 육족의 멸문지화를 감수하고 대한민국으로 온 것이다.

지금은 남루한 사상쯤으로 치부할 수도 있겠으나 학술적으로는 주체사상을 분석, 연구하여 대한민국에서 섭취할 부분이 있다면 유용하게 쓰일 수도 있을 것이다.

현재의 북조선은 왕정국가를 넘어 신정국가이다.

무슬림 국가에서 신을 모독한 행위를 저지르면 사형이다.

심지어 타국의 만화가가 알라신을 모독한 것을 두고도 살해(그들 편에서는 사형) 명령을 내린 바 있다. 그러한 북조선을 자극하기 위해 풍선을 날려 북조선의 신(神)인 국가 원수를 모독하는 일은 전쟁도발과 같다.

대한민국의 교회에서 예배를 보는데 "너희들은 속고 있다."라고 전단지를 돌리면 어느 신도가 분노하지 않겠는가?

대한민국의 교육제도

교사의 체벌을 법으로 막으니 "그래? 그럼 난 안 가르쳐 버릴래…."

공부는 학원 가서 해. 거긴 돈으로 실력이 증가되는가 마느냐의 사회야!

여긴 자본주의 사회라고!

대한민국의 초등학교 중학교 고등학교는 교육기관이라기보다는 체벌 없는 포로 수용소에 가깝다.

사회 도덕의 마지막 보루는 종교 그다음이 교육이라고 했다.

성직자는 돈과 신을 함께 섬길 수 없다.

그들은 돈을 택한 것으로 보인다.

학교는 사회를 지탱하는 커다란 보험이다.

이젠 학원이란 곳이 더 중요해졌다.

대한민국 사회는 종교와 교육, 둘 다 무너졌다.

화폐만 남았다.

"나는 대치동 출신이고 앞으로 너희들을 이끌어 갈 사람이다."라는 공식이 사회를 지배하고 있다.

과거 대한민국의 교육제도는 일본으로부터 전수된 방식을 따랐는데 일본 교사와 한국 교사의 차이는 일본은 진실로 학생을 교화하고자 하는 마음을 통한 교사의 채찍질을 하지만 한국의 교사는 분노를 조절하지 못한 폭력의 배설이라는 것이다.

그간 일제로부터 왜곡되게 배워 온 체벌이 얼마나 횡행하였으면 이젠 법으로 체벌을 금지한다는 말인가?

작금의 대한민국 교육 상황은 중국이나 북조선만도 못하다. 어쩌면 지구상에 이렇게 어린이와 청소년을 지옥에 가두고 있는 나라는 없을 것이다.

그저 먹이를 주고 살찌우는 사육이자 정신병동이다. 연약한 살을 사포로 갈아 버리는 극악무도한 짓이다.

헤르만 헤세의 《수레바퀴 밑에서》라는 책은 대한민국에 적용한다면 "섬나라의 수형소 일기"로 바꿔야 할 것이다.

만일 헤르만 헤세가 대한민국 교육 현실을 보았다면 자기의 작품을 쓰레기통에 처넣었을 것이다.

대한민국에서 아이를 교육시키는 것은 죄악이다.

자본주의의 장점은 경제가 윤택해져 국민들이 소득이 높아져 기아에서 해방되고 기술발전에 따른 삶의 편리함을 만들어 낸다는 것이다.

문제점도 많은데 인류가 추구하는 최상의 가치들 즉 사랑, 평화, 휴머니즘 등의 가치가 파괴되고 있고 더욱 가속화되고 있다는 것이다.

대부분의 살인이 돈과 연결되어 있고 친구나 형제 간의 절연도 돈에 관련이 있고 사랑의 척도도 화폐의 양에 의존한다.

국가 정보원

불과 몇 년 전에 국정원에서 서울시 공무원 간첩조작사건이 있었다.
피해자는 탈북인 출신이었다.

국정원 직원들의 헌신과 노력은 인정하나 이러한 사건으로 국민들은
어찌 국정원을 고운 시선으로 볼 수 있다는 말인가?

과거 광복 이후부터 얼마나 많은 이들이 억울하게 방첩대, 중앙정보부,
국가안전기획부, 국가정보원에 의해 고문과 죽음을 당했는가?
북조선보다 강도는 약하지만 1960부터 80년대 후반까지 근 30년에 걸쳐
대한민국에서도 국가에 대한 비판을 하면 빨갱이라고 잡아가 고문과 사형
을 시키고 대통령을 비난하면 국가 원수 모독 죄로 체포하지 않았던가.

심지어 일본에서 한국을 방문한 동포를 무조건 잡아 고문하여 북한에
서 보낸 간첩으로 둔갑시켜 버린 사건으로 그 재일동포 유학생이 일본으
로 돌아가 체험기를 책으로 발간하여(대한민국에서는 아직도 금서다) 많
은 일본인 동포가 조총련에 가입하는 계기가 됐었다.

북조선에 살던 시절 재일동포 한 분이 방북을 하였다.

친척이 북조선 황해도 해주에 살고 있어서 친척집에 방문하였다.

우연히 나도 술좌석에 낄 기회가 있었다.

이 교수라 불리우는 분이었는데 나이가 62세라고 하였다.

나는 물었다.

요즘 남조선 괴뢰들은 어케 산답니까?

이 교수는 말했다.

현재 사실은 남조선이 발전을 해서 북조선보다 경제력이 월등하다네….

그렇습네까?

나와 두세 젊은이들이 동시에 놀라 물었다.

이 교수는 말했다.

"경제력뿐만이 아니고 민주주의가 터전을 잡아서 국내는 물론 해외도 자유롭게 여행하며 무엇보다도 언론이 살아 있어서 신문이 남조선 정부를 비판하는 글을 써도 무방한 사회라네…."

잠시 침묵이 흘렀다.

나는 물었다.

"길타면 이 교수님은 어떤 이유로 조총련에 계십니까?"

"이보게! 비록 남조선이 현재 경제적으로 앞서 있고 언론의 자유가 있다지만 어찌 과거를 잊을 수 있겠는가? 남조선의 정치한다는 상부 계층은 그동안 자국민을 너무나 많이 죽였다네, 거창 인민학살사건, 여수 순천 반란사건, 4.19 의거, 광주 학살 등 이루 말할 수 없는 자국민 학살을 자행했다네. 그뿐인가. 죄 없는 민간인들을 북조선의 간첩으로 둔갑시켜 모진 고문을 자행하고 죽이기도 했네…. 이런 나라에 내가 어찌 동조할 수 있단 말인가?"

또한 북조선에도 문제가 있네. 비록 일제 시대의 친일 무리들을 깨끗이 정리했다는 자부심과 북조선 사회에 처음으로 신분제도를 없애고 땅을 공평하게 나누어 준 것은 커다란 김일성 주석의 업적이지만 이것이 무경쟁 사회로 흘러서 인민들은 태만해지고 관리들은 이러나 저러나 똑같은 봉급을 받는다는 정신이 스며들어 발전을 저해하게 되었네.

일본에 있는 재일 동포들도 치열한 사상적 부딪힘과 토론이 있었네. 그래서 각자 선택의 자유를 주어 조총련이 대세고 일부는 민단에 가입하여 둘로 나뉘게 된 것이지.

대한민국 사람들은 북한의 동포를 한민족이니 통일을 외치는데 자유로이 왕래를 할 수 있는 재일 동포에 대한 한민족이라는 개념과 관계 회복에 신경을 써야 하며 북조선 동포를 걱정하기 전에 재일동포에게 먼저 사과해야 할 것이며 북조선은 안개처럼 깔린 관료주의와 각 가정과 일터에서 생산성을 높이는 전국적 운동이 펼쳐져야 하네.

이 교수의 말이었다.

"길구 한 가지 질문이 더 있시요." 내가 물었다.

"북조선이나 남조선이나 일본으로부터 침략을 당해 혹독한 식민지 경험을 해서 북이나 남이나 일본을 싫어하기는 마찬가지인데 일본인들은 왜 북조선이나 남조선 사람을 싫어합니까? 그들은 침략자들이었잖습네까?"

"그들이 북조선이나 남조선을 싫어하는 것이 아니라 무시하고 깔보고 있는 걸세."

이 교수의 말이었다.

추래(秋來)

오동나무 잎에 푸른 바람에 괴로운데

쓰러진 등불 아래 베짱이는 싸늘한 겨울 날 우는구나

푸른 대쪽에 쓴 나의 시를 읽어서 좀 먹지 않게 해 줄 이 누구인가

이런저런 생각에 이 밤 애간장 꼿꼿해지는데

차가운 빗발 사이로 옛 문인의 황혼이 나를 위로하네

가을날 무덤 속에서 귀신이 되어 포조의 시를 읊조리면

한 맺힌 피는 천년 동안 땅속에서 푸르리라

탈북인

연길에 머물 당시 한번은 나와 또 다른 탈북인 배 모 씨와 다툼이 생겼다.

내 서랍 속에 있던 중국 돈 300위안이 사라진 것이다.

내 쪽방에 들어왔던 이는 배 모 씨밖에 없었고 나는 그를 의심하였다.

나는 그에게 따져 물었고 그는 내 돈을 가져간 일이 없다고 하여 말다툼이 시작된 것이 몸싸움까지 가게 된 것이다.

내가 그에게 말했다.

너와 내가 주먹다짐을 하여 혹시나 중국 공안에 끌려가면 너나 나나 탈북자 신세이고 여권도 없는 상태이니 붙잡히면 북조선으로 송환되어 처형될 것이다.

서로 동갑내기였던(실제는 대부분 나이를 속이고 도피생활을 이어간다) 그와 나였기에 돈이 없어진 것은 없던 일로하고 서로 씨름을 한 판 해서 이긴 사람을 형님으로 모시기로 했다.

서슬 퍼런 자정 무렵에 야생 풀들이 자라고 있는 벌판이었다.

딱 한 판!

나의 오른쪽 다리가 그의 왼쪽 다리를 바깥으로 걸어 넘어뜨렸다.

나의 승리였다.

이제 된 거이지?

나는 말했다.

그는 얼굴도 붉히지 않고 내게 말했다.

주먹다짐으로 한번 붙자우!

처음에 한 약속과 달라 나는 말했다.

비겁한 자식….

말할 가치도 없는 놈이란 생각에 돌아서며 걸었다.

서너 걸음 걷자,

내 등 뒤에서 그가 말했다.

내래 사람 한번 죽여 봤는데 두 번째는 못 죽일 것 같아?

싸늘한 달빛 아래 내 등골이 서늘했다….

공작

북조선에서 27년 전에 탈출한 나는 현재 대한민국 국적자다.

북조선에 머물고 있는 혹은 이미 나로 인해 처형당했을지도 모르는 내 새끼들과 아내 그리고 많은 인척들, 그들이 사형당할 것을 알고도 탈북한 나.

의사의 강한 절주 명령에도 나는 술을 멈출 수 없다.

나를 살리고 있는 것은 자학이다.

그렇게 폐인 생활을 이어 가던 어느 날 인생의 노년기에 접어든 나는 한 가지 시도를 하기로 했다.

북조선에 있는 내 친족을 만나 보거나 유도하여 함께 탈북을 시켜 대한민국에 함께 살고자 하는 생각이 들었다.

그러나 어찌 내 친족들과 접촉할 수 있을까?

중국의 연길이던 북조선 탈북자를 북조선에 들여보내 데리고 나오게 하든가 아니면 내가 직접 북조선의 나의 고향에 가서 새끼들과 가족들을 데리고 나오는 길밖에 없었다.

근 한 달 잠을 이루지 못했다.

고민 끝에 나를 조사했던 국정원 담당자에게 연락을 하였다.
혹시 연길에서 살고 있는 탈북인을 통해 혹은 내가 다시 북조선에 입국하여 나의 가족들을 데려오기 위함이었다.

내 새끼들 외에는 다른 생각은 나지 않았다.

내가 비록 순간의 잘못으로 혹은 북조선에서는 커다란 반역 행위라 하여 내 목숨의 경각을 이겨 내지 못해 탈북하였으나 극한 후회와 내 가족이 대한민국이든 어디든 탈북을 해야 한다고 생각되었다.

나의 삼족은 이미 처형됐을 것이나 다섯 살 그리고 세 살배기였던 두 아들은 지방의 교화소에서 생존할 수 있었다는 판단이었다.

그러기 위해서는
내가 다시 북조선으로 들어가는 수밖에 없었다.

수많은 밤을 뜬눈으로 새웠다.

나는 두만강을 건너 탈북했고 두만강 인근 지역을 잘 알고 있으며 내 고향 회령까지 가는 길을 잘 알고 있으니 북조선의 통행증만 있으면 다시 북조선으로 들어가 내 가족이 거주하는 곳을 찾아 데리고 나올 심산으로 북조선의 가짜 통행증을 만들어 달라고 부탁하였다.

국정원 직원은 중국 연길에 가면 국정원 직원이 나가 있으니 그쪽 의견을 들어 봐야 판단할 수 있다고 하였다. 나로서는 목숨을 건 일이었다.

어차피 이렇게 고통 속에 살다 죽을 바에야 설사 북조선 보위부에 발각되어 처형당하더라도 새끼들을 한 번이라도 보고 죽자.

나는 연길로 갔다.

연길에서 한국 영사관에 전화를 했다.

"조 부장님(이름도 모르고 조 부장이라고만 소개를 받았다) 계십니까?"
"누구신데 조 영사를 찾으시나요?"
"저는 박민철이라 합니다."
"잠깐 기다리세요."
조 영사의 전화를 바꿔 주는 10초에 입술이 바짝 탔다.

"조 부장입니다."
대답이 들려왔다.

"저 박민철이야요."

다음 날 오후 5시 대동 양쮐(양꼬치) 집에서 조 부장을 만났다.

나의 취지를 설명하고 가능한지 물었다.

"글쎄요…."

조 부장은 알 듯 말 듯한 이야기만 늘어 놓으며 즉답을 피했다.

45도짜리 빠이주를 큰 컵으로 파는 컵 술을 둘이서 12잔이나 비웠다.

"잘 생각해 보자구요."

술집을 나서며 조 부장이 남긴 말이었다.

첫 만남 이후 두 달간 조 부장과 다섯 차례의 만남을 가졌다.

결론인 즉, 그냥 북조선 공화국의 인민증을 줄 수는 없고 뭔가 작업을 해야 한다는 것이었다. 작업 내용은 여기 북조선 출신의 꽃 제비가 있는데 2년째 돌봐 주고 있는 12살 된 김철기라는 아이이며 이 아이와 함께 북조선으로 건너가 회령에 있는 김일성 동상을 폭파하라는 것이었다. 자그만 도시락 같은 시한 폭탄이니 새벽 시간에 30분이란 시간만 맞추어 놓고 뛰면(도망하면) 우리는 안전할 것이라는 것이었다. 김철기라는 아이를 동행시키는 이유는 아이와 동행을 하면 누가 봐도 아버지와 아들 같으니 남의 눈을 피할 수 있을 것이라는 이유였다.

영사관을 나와 연길의 서시장(西市場) 거리를 한참 걸어 보았다.

걷다가 장백산 행이라는 버스에 사람이 오르는 것을 보았다.

아! 내가 얼마나 숭배하던 산인가?

장백산!

백두혈통이 시작된 곳….

경애하는 김일성 장군님께서 함경도와 북간도를 누비며 일본제국과 맞서 싸워 혁혁한 공을 세우시며 국가를 만드신 우리 민족 영혼의 출발선….

이름만 들어도 가슴이 뛰었다.

"보아라! 조선 1만 년의 천평이 여기에 널려 있다. 1만 년의 풍변운환(風變雲幻)이 여기저기서 굼실굼실하고 어른어른하고 벌떡벌떡한다."라는 최남선 선생의 글이 떠올랐다.

눈앞이 아련하고 눈씨울이 뜨거웠다.

또한 백두산의 장엄(莊嚴)함을 기록했던 안재홍 선생의 시가 떠올랐다.

백두산

一 이몸이 울어 울어
우뢰가티 크게 울어
望天吼(망천후) 獅子(사자)되어
온누리 놀내고저
지-치다 더갠넉시
행혀 내처 잠들리.

二 이 山이 터저터저

오늘로 탁 터저서

사납게 타는 불꽃

온 세상 재 될세라

뷘터에 새 日月이

하마 한번 비추리.

三 이 늡히 넘처넘처

단박에 와락 넘처

엄청난 洪水(홍수)되어

이 江山(강산) 덥흘세라

大地(대지)의 낡은 꼴이

확 씻긴들 恨(한)되리?

四(사) 저 숩을 다 족이어

億千戶(억천호) 집을 짓고

南北萬里(남북만리) 넓은 벌로

한마을 맨들랏다

업노라 하소하는 님을

다차즈면 어떠리?

天地(천지)의 꿈

悠悠蕩蕩(유유당당)한 萬古夢(만고꿈)

도강(渡江)

　성인의 키만 한 썰매를 만들었다.

　달빛마저 방해가 될 것이라는 생각에 흐린 날을 기다렸다.

　김철기를 앞에 엎드리게 하고 나는 뒤에서 김철기 위에 엎어진 자세로 만들어온 나무 손잡이의 꼬챙이를 얼음에 찍어 가며 앞으로 나아갔다.

　두만강 상류는 강 폭이 좁아 썰매로는 이십 분이면 건널 수 있었다.

　우리는 칠흑 같은 어둠을 이용해 생각보다 쉽게 북조선 땅에 도착할 수 있었다.

　물론 걸리는 순간 목숨을 잃는다는 긴장감에 꼬마와 나 모두 두터운 내복이 땀으로 흥건하였다. 썰매는 다시 돌아갈 것을 대비해서 숲 속의 나무 사이에 묶어 놓고 낙엽들을 덮어 은폐하였다.

　내가 다시 북조선 땅을 밟다니….

　새벽 두 시경, 조 부장이 안내해 준 장소로 가서 문을 두드렸다. 일반 가정 집이었다.

문이 빼꼼히 열리더니 "뉘귀요?"라는 말과 함께 할머니 한 분이 머리만 내밀었다.

"조 부장이 보내서 왔시요." 다시 등에 땀이 흘렀다. 철기는 나를 믿어서 인지 생각보다 차분하였다. 잠시 후 50-60대로 보이는 한 남자가 나오더니 주위를 한번 둘러보고는 "들어오기요."라고 말했다.

대한민국의 국정원의 손길이 여기까지 미쳐 있구나 하는 안도감과 함께 묘한 생각이 들었다.

부엌 뒤에 좌우 상하로 50센티 정도 될까 하는 쪽문을 통해 들어가게 되어 있었고 들어가보니 제법 큰 방이 두 개가 있었다. 창문 밖에는 닭들이 걸어 다니며 놀고 있는 닭장이 제법 컸다. 닭장에 들어가 보니 더울 정도로 따뜻했다.

닭이 얼어 죽으면 안 되기 때문에 석탄 난로를 피워 놓은 것이다.

이미 계획한 대로 이곳에서 하룻밤을 지내고 낮에는 방에서 숨어 있다가 다시 밤이 오면 김일성 동상을 향해 출발할 예정이었다.

철기에게는 옆방에 가 있으라 하고 중국에서 사온 흰 국수와 약간의 쌀 그리고 300달러를 주인에게 건넸다. 주인은 익숙하다는 듯이 아무 말을 하지 않고 허리 춤의 주머니에 구겨 넣듯이 넣었다. 구겨진 지폐를 넣는 손에 핏발이 서 있었고 돈을 꼭 쥐고 있었다.

"여기는 외딴 곳이고 밖에서도 잘 보이지 않는 구석 방이니 안심하시요."

주인장이 나를 안심시켰다. 내가 중국으로부터 도강한 사실 등을 알고 있었겠으나 말을 서로 나눌 경우 혹시나 훗날이라도 나를 만난 사실이 발각되거나 하면 나와 나눈 대화가 범죄로 됨을 알고 있기에 꺼려하는 듯했다. 아침 식사는 닭고기 건더기가 들어가 있는 닭국이랑 옥수수 밥을 들고 노인장이 들어왔다. 그리고는 아무 말 없이 나가 버렸다. 주인장이 밥상에 놓아둔 빠이주를 마시고 옥수수밥을 한 움큼 입 속에 집어넣었다. 갑자기 졸음이 밀려왔다. 눈을 떠 보니 오후 1시, 밥상이 머리맡에 있었다. 아마도 내가 잠든 사이 주인장이 점심상을 내 옆에 차려 놓고 간 모양이었다. 점심역시 닭 국물에 닭 건더기 몇 개. 나는 먹는 둥 마는 둥 약간을 먹고는 웅크리고 시간이 가기를 기다렸다. 그리고 두 시간쯤 지났을까?

갑자기 닭장이 있는 뒤뜰에서 "쉬익 빵!" 하는 소리와 함께 커다란 폭발음이 들렸다. 철기가 있던 방의 창문은 창틀까지 함께 와장창 깨져 있었고 나가 보니 철기는 피투성이가 되어 쓰러져 있고 철기의 오른쪽 어깨부터 허리까지의 살이 분리되어 있었다. 닭들이 "꿰엑 꿰액" 소리를 연신 내며 날뛰고 있었다. 나는 순간 본능적으로 알아차렸다. 철기가 따뜻한 닭장 안에서 도시락 폭탄을 살펴보다가 폭발 단추를 누른 것이다. 급격한 긴장감과 온 몸의 신경이 곤두서고 현기증이 밀려 왔다.

주인장이 오더니 상기된 얼굴로 "이게 무시기 소리요?"라고 말하고는 철기의 찢어진 몸을 보고는 온몸이 굳은 듯 아무 말도 하지 못하고 서 있었다.

일단 뛰자!

내가 지니고 왔던 작은 가방을 들쳐 메고 집 밖으로 나와 정신없이 뛰었다.

얼마를 뛰었는지 몰랐다. 숨이 가빠 더 이상 뛸 수 없을쯤 내가 야산의 숲속으로 들어와 있다는 것을 알고는 구토를 하였다. 방을 나오며 작은 구멍을 통과할 때 문틀에 머리를 부딪혀 피를 흘리고 있음도 그때야 알았다.

여기서 걸리면 끝장이다.

밤을 기다렸다.

배가 고프지도 않았다. 추위도 느껴지지 않았다.

밤이 왔다. 다시 중국으로 가야 한다, 칠흑 같은 밤. 나는 산에서 내려와 내가 북조선으로 온 길을 다시 찾아야 했다. 수풀 사이로 몇 시간을 걸었을까? 다행히 초 겨울이라 땅이 말라서 걷기는 수월하였다. 드디어 내가 도강할 때 보아 둔 전봇대가 보였다. 됐다 이젠 몇 시간만 걸으면 두만강이다. 남의 눈에 띌까 봐 천천히 걸었다. 한 걸음, 한 걸음이 마치 몸은 굳어 있고 다리가 자동으로 움직이는 로보트 같았다,

두만강이 먼 발치로 보였다. 됐다. 이제는 이리로 도강할 때 묶어 놓은 썰매만 찾으면 된다. 다시 두세 시간을 풀숲에서 기다렸다.

날이 밝기 전에 다시 중국으로 도강할 생각이었다. 때가 왔다. 제법 빠른 걸음으로 길을 찾아 묶어 놓았던 썰매를 찾았다.

얼음이 얼었던 썰매를 떼는데 잘 떼어지지 않아 썰매 안에 들어있던 손도끼로 큰 소리가 나지 않도록 착, 착, 착 썰매 변두리를 찍어 냈다. 썰매 둘레를 돌아가며 한참을 찍어내고 손으로 썰매를 밀자 "찍" 하는 소리와

함께 수풀에 얼어 있던 썰매가 떨어져 나왔다.

다시 엎드려 십 분쯤을 쉬었다. 팔의 힘이 없으면 꼬챙이 질이 안 될 일이었다.

썰매를 언 강 위에 띄워 업어진 자세로 꼬챙이가 달린 막대로 사각사각 저어 나갔다. 꼬챙이를 언 강바닥에 찍어 조금씩 천천히 이동하였다.

조금 더 빨리 갈 수 있었으나 만일 북조선 측 국경 경비대 혹은 중국측 국경공안에게 걸리면 끝장이었다.

가까이 보이는 두만강 상류는 왜 이렇게 멀게 느껴지는지….

그저 앞으로 썰매를 저어야 한다는 생각밖에 없었다.

동이 트기 전 중국 땅에 도착했다.

세찬 바람이 부는 초겨울에 나는 온통 땀에 젖어 있었고 옷가지에 붙었던 땀은 모두 얼어 고드름이 되어 있었다.

다시 한번 머리가 쭈뼛 도는 일이 있었다.

나에겐 위조된 북한의 공민증이 있지만 중국의 신분증이나 거주증이 없지 않은가?

중국 공안에게 잡히면 영락없이 도로 북조선으로 끌려가게 된다.

버스도 기차도 검열관이 있어서 탈 수가 없다. 그렇다 나에겐 남은 돈이 있다.

택시를 타자.

아침에 달러를 인민폐로 바꾸어 주는 환전상에 가서 충분한 돈을 인민폐로 바꾸었다. 택시비를 달러로 내면 의심을 받을 수도 있기 때문이다.

"옌볜 뚸어 옌(연변까지 얼마요)?" 서툰 중국어로 택시를 탈 수 있었다. 그렇게 택시로 두 시간을 달렸다.

점심 나절이 되어 내가 기거하던 숙소에 들어왔다. 그제야 꼬챙이를 찍어 한참을 도강해 온 손바닥에 홍건히 흐른 피가 추위에 얼어붙어 엉겨 있는 것을 알았다.

나는 긴장이 풀리며 그대로 쓰러졌다.

지금이 몇 시쯤일까?

새벽에 시계를 보니 새벽 4시가 넘었다.

약 16시간을 잔 것이다. 그때야 나의 발에 통증을 느꼈다. 동상에 걸린 것이다.

식은 땀이 나며 허기가 몰려왔다.

마침 허름한 부엌에 남겨진 빠이주와 얼어 있던 밥과 김치를 방으로 가져와서 공기 그릇에 빠이주를 따라서 소리 없이 들이켰다. 그리고는 얼은 김치와 밥을 입에 우걱우걱 퍼 넣었다.

그리고는 다시 잠에 빠져 들었다.

다시 깬 것은 저녁 어둠이 어슴푸레할 때였다.

조금 정신을 차리고 거울을 보니 황량한 수염에 휘갈겨진 머리털, 휘둥

그레하며 독기만 남은 눈, 얼굴이 사람의 형상이라기보다는 쥐새끼와 수달의 얼굴을 합쳐 놓은 듯하였다.

정신 차리자.

부엌으로 가서 구들장으로 쓰는 구멍에 장작을 때서 물을 데워 세수를 하고 수염을 깎았다.

다음 날 오전 일단 조 부장에게 연락하여 상황을 설명해야 했다.

아침 9시가 조금 지났다.

연길 서 시장으로 향했다. 조심스레 그리고 최대한 자연스럽게 걸어서 공중전화로 한국 영사관에 전화를 걸었다.

"조 부장님과 통화하고 싶습니다."

"누구라고 전해 드릴까요?"

수화기 너머로 여직원의 목소리가 들렸다.

"박민철이라고 합니다."

나는 서울말씨로 대답했다.

"예, 조 부장입니다."

"저 박민철이야요."

그간의 상황을 이야기하였다.

"다른 도리가 없어 다시 연길로 왔시요."라고 말하자마자 전화가 끊겼다.

이거 모이야?

다시 전화를 걸었다.

여직원이 말하길 "조 부장님 지금 안 계십니다."

일이 분 전에 통화했던 조 부장이 자리에 없다니….

나는 숙소로 다시 돌아왔다.

이럴 수가! 이럴 수가! 하는 뇌까림이 저절로 튀어나왔다.

다음 날 오전 다시 영사관에 전화를 했다.

여직원이 말하길 "조 부장님이란 분은 안 계십니다." 하고는 전화가 끊겼다.

머리에 찡하는 소리가 나는 듯했다.

내가 매달릴 곳은 대한민국밖에 없다.

어떻게든 영사관에 들어가기만 하면 그곳에서 어떤 짓을 해서라도 나오지 않을 작정이었다.

영사관에 직접 방문했다. 영사관 문 앞에 중국 공안원들이 총을 들고 지키고 있었다.

"영사관에 만날 분이 있어서 찾아왔습니다." 다행히 중국 공안은 조선어를 할 줄 알았다.

"한국 여권 있습니까?"

"없습니다."

"중국인 신분증이 있습니까?"

"없습니다."

"그러면 영사관에 들어갈 수 없습니다."

발길을 돌려 길을 걸었다. 내가 어느 곳으로 걷고 있는지도 몰랐다.

나에게 신분증이란 조선민주주의 인민공화국의 공민증이었다. 그것도 조 부장이 만들어 준 가짜 공민증 아닌가!

대한민국인도 아니고 중국인도 아니고 북조선인도 아닌 나는 저녁 무렵에야 내가 인파에 뒤섞인 서 시장에 빗줄기가 거센 바람에 날리듯 수많은 사람들이 지나치는 사람들 중간에 내가 홀로 서 있음을 알았다.

북조선과 조총련

2차 대전 시 일본은 항공모함을 여러 척이나 소유한 문명국가였다.

그러함에도 천황을 신으로 받들며 가미가제가 있었고 패망과 동시에 수많은 자살자가 나왔다.

현재 중동을 기반으로 한 IS 집단이 그러하듯 신이 모든 것을 통치했던 것이다.

핸드폰을 누구나 가지고 있고 어린이들도 유튜브를 보는 세상이지만 신이라는 명제 앞에서는 아무것도 통하지 않는다.

대한민국에서 어정쩡한 비겁함으로 가려져 있는 것이 재일동포 문제이다.

한때 일본의 재일동포들에게는 자연적으로 한국행 금지령이 내려졌다.

6.25전쟁 당시 유엔군에 밀려 북진이 되던 시절 북조선에서는 외국으로 피난을 가는 가정의 경우 어린이 20명당 교사 1명을 붙여 보냈다. 조국은 너희들을 전쟁고아로 만들지 않는다는 정책이었다.

대한민국은 당시 백성들에게 거짓 방송을 틀어 놓고 한강다리를 끊은 사람들 아닌가.

북조선에는 재일동포들이 많이 있다.

그들은 왜 대한민국을 택하지 않고 북조선으로 가거나 조총련에 가입했을까?

게다가 근대 문명국가가 천황을 모시고 사는 이중적 국가인데 말이다.

대동아전쟁 이후 일본에 남게 된 그들을 대한민국 사람들은 한국말도 못하는 쪽바리라고 백안시하고 나아가 훗날 뿌리가 그리워 대한민국을 방문했던 청년을 간첩으로 조작하여 고문과 옥살이까지 하게 하지 않았는가.

어찌 재일동포가 대한민국을 좋아할 수가 있는가.

김일성 치하에서는 자유라는 면에서의 제약은 있었으나 자국민에게 총질은 하지 않았다. 북조선을 일에서 백까지 나쁜 나라로만 보아서는 안된다.

훗날 통일을 고려해도 상이함을 극대화시키는 것은 옳은 사고가 아니다.

고문과 살육은 비단 북조선만의 문제가 아니다.

중국 등 구 소련의 여러 국가들 남미 여러 나라들 미국의 경우는 뇌 세탁(대한민국의 유명 가수였던 한대수의 아버지-미국의 핵물리학자)이 대표적이다.

오래전 근 삼십 년 동안 대한민국에서는 북조선 인민들을 뿔 달린 괴물로 학생들을 교육하지 않았던가.

대한민국의 우익이라 불리는 분들은 6.25참전 용사 유해발굴을 해야 하며 재일동포들에게 사죄하고 손을 먼저 내밀어야 한다.

미국과도 좋은 관계를 가져야 할 수밖에 없는 한국이다.

군사 정치 경제 외교 등 모두 미국과 연결되어 있다.

하지만 미군은 한국의 주둔군이 아니고 점령군이다.

대한민국 사회의 질

대한민국에서 27년을 살아 보았다.

사람들이 스스로 까칠한 사회라고 한다.

왜 이런 말이 유행을 할까?

어질고 착한 이들은 가난을 안고 살 수밖에 없는 구조다.

왜 거짓을 행하지 않고 성실한 삶을 사는 사람들이 피해를 보고, 거친 사기꾼들에게 지배를 당해야 하는가? 자본주의는 어쩔 수 없는 속성을 가졌으니 그런 대로 살아라?

과연 나는 현실을 도외시한 이상주의자인가?

현재 대한민국에는 장발장은 없다.

왕조 체제나 극심한 독재 체제에 익숙해지면 인민들은 오히려 안정감과 평화로움을 느낀다. 그래서 왕조체제나 독재는 위험하고 나쁘다.

사랑에 큰 시련을 겪은 사람은 한동안 혹은 오랜 시간 다른 사랑을 만나는데 시간이 걸리고 심한 경우 사랑공포증이라는 현상이 일어나 누군가를 사랑하는 것에 대해 경계심을 갖게 된다.

사랑의 행복보다 이별의 아픔이 너무 큰 이유이다.

나는 사상공포증 환자다.

내가 갓난 아기 때부터 믿어 왔던 백두혈통과 만인평등의 격정적 눈물은 산산이 부수어졌다. 그러함에도 이제는 대한민국에 왔으니 자본주의에 적응하라는 말이 쉽게 소화되지 않는다.

이 자본주의 사상을 믿었다가 또 아니면?

나의 두뇌 용량은 그리 크지 않다.

대학가

1980년대에 북조선에서는 대한민국 가수 최진희의 '사랑의 미로'와 심수봉의 '남자는 배 여자는 항구'라는 노래가 유행을 하여 많은 인민들이 즐겼다.

대한민국에서 90년대 말 지하철을 타고 가다 보면 가끔 젊은이들이 술을 이기지 못해 바닥에 앉아 있는 모습을 보며 한심하다고 느낀 적이 있다.

북조선의 학생들과 인민들은 굶어 죽어 가는데 어찌 술을 마시고 노닌단 말인가?

그로부터 수년이 흘러 대한민국의 대학생들과도 많은 대화를 나누어 보며 내 자신의 오류에 크게 반성하였다.

80년대 혹독한 압제를 거친 청춘들….

치열한 불만과 모순에 대한 굴복이 젊음의 뇌 속에서 매일 고통스럽게 전쟁 중인데 어찌 술로나마 달래지 않을 수 있는가?

바람 부는 잎새에도 흔들려

벽을 짚고

눈물을 떨굴 수 있는

나이인 것을 간과했다.

이후로 다른 이가 내 맘에 들지 않는 상황이나 의견이 극히 다른 이와
마주치더라도 비난하지 않기로 했다.

그 사람이 종북주의자라 할지라도….

국가적 앵벌이

1970년대에 대한민국은 베트남 전쟁에 군인을 파병하였다.

실상 미군이 통킹만이라는 바다에 정박했던 미국의 군함에 일부러 불을 지르고 베트남 군이 포격을 했다고 거짓말로 자작극을 벌여 이를 빌미로 베트남을 침공한 비열한 학살전쟁이었다.

당시 파병된 대한민국 군은 현지에서 악명을 떨치며 전과를 올렸고 또한 많은 전사자들과 부상자가 있었다. 문제는 이러한 전쟁참여 군인들과 전사자 상이용사들에게 적합한 보상 혹은 월급이라도 지급되었는가이다. 미국에서 한국군에게 지급한 급여의 90%를 대한민국 정부에서 가져가고 나머지 10%가 병사들에게 지급되었다.

정부가 참전 용사들로부터 착복한 90%의 돈으로 경부고속도로 건설 등 경제발전의 초석이 되었다.

당시 건설된 경부고속도로에는 화물을 운송하는 물류운반의 기동성도 있었겠지만 자가용이 극히 드문 그 시절, 그 시절에 자가용을 소유한 부유한 계층의 지방 유람에 많이 이용되었던 것도 사실이다.

외국에 근로자를 파견하고 근로자의 봉급을 국가에서 착취하는 북조선의 방식과 유사하다.

지금 대한민국은 경제적으로 윤택해졌다.

이제라도 6.25 참전용사와 베트남 참전용사들에게 상응하는 보상이 이루어져야 할 것이다.

역사 속에 묻힌 비명과 각혈 수(咯血 水)를 어찌 다 밝히겠는가마는 눈에 보였던 생명들을 찾아내야 하며 생존자들에게는 국가는 그대들을 잊지 않는다는 것을 보여 주어야 한다.

이런 것들이 보수파가 해야 할 교양필수 과목이다.

나에게 대한민국이란?

이불 속에 장사 없다는 말처럼 돈 앞에는 악마와도 손을 잡을 만한 사회. 남의 배설구라도 빨아 줘야 생존할 수 있는 사회….

삼성 X-파일이라는 책을 보고는 충격이 왔다.

이야기 중 하나는 삼성의 주인인 회장 전용 비행기의 승무원이 기내에서 삼성의 회장이 앉아 있는 자리에 음료수를 나르는 여성 종사원(스튜어디스)이 다가갈 때 기내의 복도에서 짧은 치마를 입은 채 무릎으로 기어가서 서빙을 한다는 내용이었다.

신은 여기 있었구나.

북조선에서도 못하는 일을 대한민국에서는 하는구나. 화폐가 왕인 국가구나.

인간은 식량이 없이 3-4주가량 버틴 기록이 있지만 물이 없이는 3일을 넘기지 못한다. 먹거리가 해결된 이 나라에서 왜 돈에 집착하는가?

여기서는 가난하지만 행복할 수 있다는 것은 망상에 불과하다.

돈이란 바닷물과 같아서 마시면 마실수록 갈증이 더한 것이다.

새로운 사상이 지구를 덮기 전까지는 인간은 짐승만도 못한 세계로 치달을 것이다.

왜 한국 여자들은 돈 많은 남자를 찾아나설까.

가난을 치유하고 배부름을 가져다줄 남자를 찾는 것이다.

이것은 천 년을 가난으로부터 벗어나지 못했던 관성의 법칙이다.

탈북인들들 또한 북조선에서 살아오던 관성이 있어 그들의 뇌를 대한민국화 혹은 자본주의화하는 것은 자식의 세대로 미루어야 할 것이다.

다른 나라들

중앙아시아에는 카자흐스탄, 우즈베키스탄, 키르기즈스탄, 투르크메니스탄 등등의 나라가 있다.

그들의 경우 역사적으로 지도자가 바뀌면 새로운 지도자를 따른다.

실제 양 떼들 무리를 이끌고 이동하며 살아가는 유목민의 생리가 그러하다.

왜 대한민국은 정몽주의 영향을 받아 지조랍시고 지켜야 하는가?

그 지조가 과연 백성들과 미래 국가에 도움이 되었는가?

유목민과 정몽주, 누가 옳은지 난 아직 모른다.

한반도에서 김일성이 북조선을 만들어 인민이 풍요로웠던 시절에 대한민국은 무엇을 위해 국가를 만들었는가. 그때는 북조선이 맞고 지금은 대한민국이 맞는 시절일 뿐이다.

이 동네에서는 돈이 없으면 혹은 돈이 있더라도 더 부를 소유한 자에게 비굴함 참혹함이 익숙하다. 어질게 살아 보았더니 남는 것은 유황불에 타 죽는 고통뿐이다.

좀 더 많은 자비와 휴머니즘을 희망해 본다.

남북 간의 해법

    지금의 탈북자들에 대한 연민을 갖듯 과거 뗏걸이가 없어 월북한 이들도 끌어안아야 한다. 남북한 사람들 모두 통일을 원하지만 현실은 쉽지가 않다.

    북조선 사람들은 대한민국 사람들과 언어만 같을 뿐 중국의 조선족보다 융합이 힘들다. 현재로서는 다른 국가임을 인정해야 한다.

    인구는 숫자에 불과하다는 잔인한 말이 있다.

    그러한 위정자 입장에서는 대한민국의 자살자 숫자는 전쟁을 해도 그만큼 죽을까 하는 정도로 많다.

    그렇다면 과연 남북 간에 평화를 유지하는 길이 있을까?

    대한민국에서는 화폐의 양으로 계급이 지어진다.
    내가 살던 북조선은 사상무장의 깊이로 계급이 형성된다.
    그저 다를 뿐이다.
    대한민국은 민주주의로 화장한 자본이라는 것에 세뇌되어 있다.

또한 북조선에는 외국 군대가 주둔하지 않는다.

반면에 대한민국은 미국이 상주하고 있으며 매년 강도 높은 합동훈련을 하고 있다.

북조선 입장에서는 불안할 수밖에 없는 일이며 자체 방어를 위해서는 핵을 보유할 수밖에 없다.

만일 북조선에 중국 군이나 러시아 군대가 파병되어 군사훈련을 하고 있을 경우 대한민국 역시 상당한 부담을 안게 된다.

그렇다면 해법은 무엇일까? 어찌 보면 간단하다.

피해를 감수하고 전쟁을 하느냐 아니면 불안한 평화를 유지하는가이다.

이 두 가지를 해결하는 길은 북조선을 정식 국가로 인정하고 적으로 삼지 않는 것이다. 이에 따른 북조선의 비핵화와 남북한 상호간의 군축 그리고 정당한 상대국으로서 예우를 갖춘 외교이다.

그리하면 적국이란 개념이 사라지고 그 저 연변 같은 외국화(?)로 만들어 왕래와 교역을 하면 된다.

전쟁할 필요가 없어지는 것이다.

인간의 한계

수학에 이런 문제가 있다.

젊은이 셋이서 지방 여행을 갔다.

텐트 치고 야영을 하려다 갑자기 비바람이 몰아쳐 야영을 포기하고 인근 숙박업소로 갔다. 숙박업소 창구에서 세 사람이 묵을 방의 숙박비를 물어보니 1박에 3,000원을 내라고 한다. 젊은이들은 각자 호주머니를 뒤져 가진 전부인 천 원씩을 꺼내서 3천 원을 지불하였다.

허름한 방을 얻어 빗물에 젖은 옷을 말리고 있는데 여관의 종업원이 노크를 하며 말하기를 "주인 아저씨께서 젊은이들이 안돼 보인다며 5백 원을 할인해 주시겠다고 해서서 드립니다." 하며 100원짜리 5개를 젊은이들에게 주었다.

젊은이들은 종업원에게 당신도 수고를 했으니 200원을 가지시요.

종업원은 고맙다고 하며 받았다. 그리고는 젊은이들은 돌려받게 된 300원을 각자 100원씩 나누어 가졌다.

잠시 후 젊은이들은 각자가 얼마를 지불했는지 계산해 보았다.

그리고 나서 각자 1인당 얼마를 지불했는가를 계산해 보니 천 원씩 가지고 있던 돈에서 100원씩 돌려받은 셈이니 1인당 900원씩 낸 셈이다.

그러면 세 명이 각자 900원씩 낸 셈이니 3×9는 2,700원이고 종업원은 200원을 돌려받았다. 원래 1인당 천원이 있었는데 100원씩 돌려받았으니 1인당 900원을 지불한 셈이다.

그리고 세 명이니 모두 합쳐 낸 돈은 2,700원 그리고 종업원이 200원을 가졌으니 총 2,900원. 그러면 나머지 백 원은 어디로 갔을까?

인간사는 알 수 없는 것이다.

전쟁은 멈춰질 수가 없다, 전쟁을 지시한 자가 최전선에 투입되지 않는 한.

북한의 미래

밟으면 더욱 견고해지는 땅처럼 북조선의 경우 서방 세계와 대한민국이 압박할수록 문을 닫고 고삐를 죌 것이다.

신정국가인 북조선에서는 수령님께 목숨 바쳐 열광하되 전용 비행기 내에서 무릎으로 기어 수발을 하는 일은 없다.
탈북인들의 뇌 구조가 바뀔 수 있을까?

북조선 신앙의 교주인 김씨 정권은 대한민국의 자본주의 문화를 받아들이면 국가와 인민에 해가 된다고 믿고 있다.
왕정국가에서 신정국가로 넘어가는 단계이지만 70퍼센트 정도의 인민이 백두혈통이라는 이름의 신을 믿으며 김일성 장군은 낙엽을 타고 강을 건넜다 함을 믿으니 이 정도면 신정국가라 할 수 있겠다.

대한민국에 기독교가 본격적으로 들어온 것이 6.25 이후이니 어림 70년쯤이다.
그간의 기독교의 확산세를 보면 북조선의 지도자 신격화가 불가능하지 않다.

돈과 신(神)

경제적 풍요를 누린다는 대한민국.

돈이 없으면 식량을 살 수 없고 못 먹으면 죽으며,

돈이 없으면 의식주가 무너진다.

돈이 없으면 사람들과 만날 수가 없으며

인간이 사회적 동물이 아니라

돈이 곧 사회고 인간이다.

돈으로 무기를 사거나 무기를 만들어 사람들을 죽인다.

돈이 인간의 생사를 결정한다.

직장에서는 치열한 진급 이야기, 저녁 술집에서도 회사 이야기,

자식 학비, 마누라 직업 이야기, 아이들 학원 다니는 이야기.

문학, 음악 미술 등 예술에 관한 이야기는 설 자리가 없다.

돈이 곧 신이다.

대한민국은 그렇고 내가 살던 동네는 한 사람을 신으로 여긴다.

예수 석가 공자 마호멧 모두 인간이었고 근세의 일본인들도 인간인 천황을 신으로 받들었다. 돈을 신으로 모시는 것보다는 낫다.

나는 살인자다

역사의 기술(記述)은 화학적 결합과 같이 섞여져서 분리할 수 없다.
패권자가 자기 마음대로 고쳐 놓은 괴물 히스토리일 뿐이다.
사고의 고착화처럼 무서운 것은 없다.

사람이 인육을 식용으로 섭취한 역사가 있었다고 알고 있다.
1990년대 고난의 행군 시절 나는 북조선에서 죽은 이들의 시체를 먹는
장면을 목도하였다. 이해가 가는 일이다.

사주경계라는 것은 아마도 대한민국에서 군 생활을 한 사람이면 아는
단어일 것이다. 예를 들면 나는 북조선을 떠난 지가 이십칠 년인데도 혹
시나 나의 발언을 누가 들을까 겁난다.
겁나는 이유가 몇 가지 있지만 그 중 가장 큰 것은 아직 북조선에 있는
나의 가족 혹은 친족들이 해를 당할까 우려돼서이다.

남조선으로 왔음이 밝혀지는 순간 북조선에서는 삼족을 멸한다.
삼족을 죽게 한 나다.

그런데 내가 대한민국에 와서 반북 발언이나 그와 유사한 방송 등을 하면 가족을 멸한다. 북조선에 있는 나의 자식과 아내 부모님은 이미 처형 당했음을 다른 탈북자로부터 들었다.

나는 더 이상의 친족을 죽일 수 없기에 숨죽이며 살 수밖에 없고 대외적으로 신분을 밝힐 수가 없다.

변온 불가체

인간은 변온 생물이 아니다.

스트레스라는 단어를 처음 들었을 때 나는 무슨 말인지 알 수가 없었다.

영어나 독일어 같기는 한데 무슨 뜻인지 알 수가 없었다.

수년이 흘러서야 이것은 사람이 싫어하는 것을 강요당할 때 생기는 뇌의 작용이란 것을 알게 되었다.

대한민국은 계급 사회다.

그리고 화폐 소유의 양에 따라 여러 갈래로 계급이 나누어진다.

인도의 카스트 제도는 숙명이라는 수용성 전제가 가슴속에 자리 잡고 있어서 사람들이 불만을 갖지 않고 살아간다.

자본주의를 지탱하는 힘은 부를 가진 자가 사람들로부터 존경을 받아야 한다는 것이다. 인류는 서로를 돕는 것에서부터 동물과 구분되며 진화해 왔다.

하지만 지금은 어떻게 인간을 도울 것인가 보다 어떻게 빼앗거나 착취하는가에 집중되어 있다.

대한민국은 어떤가?
대부분의 사람들이 멋진 차를 소유한 사람에 대해 동경보다는 아니꼬운 시선을 보내는 무엇인가. 이유는 정당한 부자가 극히 적다는 것을 사람들이 사고 저변에 깔려 있기 때문이다.

자본.
자신이 스스로 자신의 몸과 인생을 착취당하면서도 모르고 있는 변온생물이다.

2부
—

러시아와
탈북인

러시아 파견

나는 황해도 출신으로 당성이 양호하고 특히 외삼촌이 지역 서기장으로 있는 관계로 외화벌이 조에 지원하여 차출될 수가 있었다.

나는 명색이 조선인민공화국의 당원이었다.

딸 하나, 아들 하나, 당성이 투철한 아내.

이들을 놓아 두고 외국으로 간다는 것이 마음에 걸렸지만 그래도 3년만 고생하면 돈도 벌고 특히 북조선으로 돌아오면 당 간부까지 노려 볼 수 있는 기회였다.

1993년 러시아, 배치받은 곳은 러시아 하바롭스크주에서 120킬로미터 정도 떨어진 떤따라는 벌목장이었다.

러시아!

저주받은 인내심의 땅.

즉, 인간의 인내심이 신이 준 은총이어야 하는데 인내심이 지나쳐 이 정도의 인내심이라면 저주에 가깝다는 것이다.

러시아는 어떤 나라입니까?

라고 누군가가 물으면 답은 "러시아를 이해하려고 하지 마라."이다.

이 말의 뜻은 인간의 머리로는 러시아를 이해하지 못한다라는 뜻이다.

마침 10월 달에 도착하니 떤따라는 도시는 이미 겨울이라서 눈이 무릎까지 빠지는 상황이라 바쁜 작업은 없었다.

"동무 어서 오시라요!"

이미 벌목공으로 와 있는 동지들이 반갑게 맞아 주었다.

악수를 하는 순간 동지들의 손바닥이 돌처럼 단단히 굳어 있는 것을 느끼자 겁이 덜컥 났다.

침대는 좁고 짧았으나 내 키에는 딱 맞았다.

인간의 사고를 제제하기 위해 중국엔 화장실 칸막이를 없앴고 러시아는 침대를 작게 만든다 했다. 조그마한 오두막 집에 4인 1조로 분산 수용되었고 식당은 규모가 큰 편이어서 러시아인 작업자들과 삼시 세끼 함께 식사를 했다.

낮에는 잡목들을 절단기로 자르고 눈길에 도로 내는 작업이 대부분이었다.

여기서 버는 봉급은 30달러.

적다고 느껴졌지만 먹여 주고 재워 주는 것이 무료이니 북조선에서 받는 봉급 15달러의 두 배가 넘는 돈을 고스란히 가져갈 수 있는 것이다.

해가 오전 10시에 뜨고 오후 네 시면 내려 앉았다.

때로 야간 작업이 있었으나 눈이 많이 쌓여 있어 야간에는 대부분 막사에서 쉬곤 했다.

그리고 북조선에서도 명주로 꼽아 당간부들이나, 마시는 보드카를 들이킬 수 있었다. 보드카의 취기와 함께 바라보는 싸늘한 달빛은 그림으로도 못 만들 아름다움과 상쾌함이 자체였다.

북조선의 경제 상황이 급격히 안 좋아져서 인민들이 풀 뿌리를 캐 먹으며 굶주리고 있지만 50년 이상 미 제국주의자들과 맞짱을 떠온 북조선 아닌가….

다시 사상 무장을 통해 경제가 회복되면 우리도 언젠가 러시아 인민들처럼 맘껏 보드카를 즐길 수 있을 끼야…. 나는 꿈에 부풀어 있었고 한없이 행복했다.

시간은 흘러갔고 나의 손바닥에도 어느 정도 굳은 살이 생기기 시작했을 무렵 3월이 왔다. 3월이라고는 하지만 아직 땅이 얼어 있어 굳은 땅은 파기 힘들었다. 중노동이었다.

삽과 곡괭이가 닳아 없어진 것이 여섯 개나 되어서야 4월 중순이 왔다.

그런데 이상한 소문이 돌기 시작했다.

러시아가 자본주의로 돌아선다는 것이다.

설마!

100년을 미 제국주의로부터 지켜낸 국가이며 사회주의의 종주국 아닌가? 나는 믿지 않았다. 6.25북침 당시 북조선에 쏘련 군이 진주하여 우리 북조선을 지켜 준 나라가 설마 악질 자본주의로 변하다니! 절대로 그럴 리 없어!

나는 묵묵히 일을 하였고 틈틈이 러시아어도 익혀 같이 일하는 러시아 동료와도 가벼운 대화를 나눌 수 있는 수준이 되었다.

2달 후.
러시아인 동료 세르게이로부터 어느 정도 상세한 내용을 듣게 되었다.
고르바쵸프 당 서기장이 해외로 출장을 간 사이 쿠데타가 일어났고 옐친이라는 부 서기장이 쿠데타를 진압하고 정권을 잡았다는 것이었다.

니는 매월 받는 월급에서 20달러씩 본국의 외화벌이 사업단에 보내지를 않았다.
내가 당원이니 이쯤의 부정이야라고 가볍게 생각한 것이 화근이었다.

게다가 목재를 베어 나가는 계근장 직원과 짜고 목재량을 늘려 잡아 한 달에 10달러 정도 부수입이 생기더니 봄철에 수량이 많아지며 백 달러까지 뒷돈이 들어왔다. 그렇게 봄바람에 날라리 피리 불듯 살다가 러시아 벌목 감사실에 적발이 된 것이다. 즉 러시아 국가 돈을 착복했음은 물론 북조선에 보내야 하는 돈까지 횡령한 것이다. 러시아는 모든 인민들을 감시하고 있기 때문에 누구도 빠져나가지 못할 통신 및 도청망을 가지고 있는 나라라는 것을 간과했다.

통신 반에서 일하는 홍석필이 전한 바로는 내가 북조선 국가경제부로 소환될지도 모른다는 것이었다. 앞이 캄캄했다. 내가 조국으로 돌아가면 분명 교화소 행이다. 교화소에서 살아나오는 인원은 20%가 안 된다.

극도의 불안한 심정으로 삼 일이 지났다.

그런데 깜작 놀랄 일이 벌어졌다.
아침에 나갔더니 러시아인 일꾼들이. 모두 사라진 것이다.

이게 어찌된 일인가….
나중에 안 사실이지만 사회주의가 붕괴하고 옐친이라는 대통령이 정권을 잡으며 사회가 무정부 상태에 빠진 것이다.

국가의 무정부상태는 자연의 척박함보다 잔인하다.
자연은 나름의 조화를 가지고 살지만 인간은 때론 자신의 배를 불리기 위해 동족을 죽이고 안정보다는 파괴를 선호한다.

러시아 노동자들이 순간에 모두 사라진 것은 국가가 급여를 지불하지 않게 되었다는 것이다. 사람들이 떠난 그날 저녁 러시아인 한 명과 다른 막사에 기거했던 홍필석이가 막사로 들어왔다. 들어오자 마자 "돈 내노으라우." 그들의 손에는 50센티쯤 되는 잡목 처리 칼을 각자 가지고 있었다.

내 목에 칼을 바짝 들이댔다. 그리고 나와 함께 막사를 쓰던 한길성이는 "뭐이 어케?"라는 말이 떨어지자마자 거구의 러시아인 주먹에 한방에 날아갔다. 그들은 한필성을 벌목장에서 쓰는 노끈으로 묶었다.
나와 한필성의 입은 가리지 않았다. 소리쳐 봐야 아무도 안 올 테니까….

"네레 어차피 공화국의 돈을 훔친 새끼끼니 거져 여기서 죽고 싶지 않으면 돈을 몽땅 가져 오라우." 그는 나의 약점을 알고 있었다.
나는 돈 통을 가르키며 목에 칼이 달린 채로 돈 통을 내주었다.
북조선 노동자들은 각자가 가진 돈 통 외에 나무 숲 은밀한 곳에 돈을 묻어 놓곤 했다. 돈을 탈취한 그들은 나와 숙소의 동지 한길성이가 숲속에 돈을 숨겨둔 것은 익히 알았겠으나 그들은 눈 앞의 돈들을 탈취하여 바로 벌목장을 빠져나가는 것이 목적이어서 은밀히 숨긴 곳까지는 묻지 않았다.

그들이 떠나고 묶인 한길성의 노끈을 풀어 주고 나는 한길성에게 말했다. "길성이, 이제 나는 뛰는(도망하는) 수밖에 없어!" 야밤에 나는 내가 은밀히 감추어 놓았던 숲속의 바위 턱 밑을 파서 돈을 작업복 속에 넣고 숙소로 뛰었다. 숙소로 돌아오니 한길성이 말했다 "뛰자우!" 한길성도 숲

속 어딘가에 숨겨 놓은 돈을 이미 찾아온 모양이었다. 야음을 틈타 그 길로 한길성과 나는 아직 눈이 하얗게 남아 있는 익혀 둔 오솔길을 지나 벌목을 운송하던 뜨락또르(트렉터)에 올라탔다.

이젠 어디로 가야 하나?

뜨락또르로 하바롭스크 역으로 달렸다. 일단 벌목장에서 멀리 가야 하는 것이다.

그나마 기차는 시간을 지켜 운행했다. 새벽 시간에 뜨락또르를 한적한 주차장에 버리고 기차 역무원에게 뒷돈을 얻어 주고 블라디보스톡행 열차를 탔다. 하바롭스크에서 기차로 하루 반을 달려야 블라디보스톡에 도착을 할 수 있다.

그래서 뜨락또르를 버리고 기차를 탄 것이다.

블라디보스톡을 택한 이유는 그곳에 한국 영사관이 있음을 소문을 듣고 알았다.

그곳으로 가서 자유 대한민국이 그리워 왔다고 하면 영웅 호칭까지는 아니더라도 큰 영접을 받을 것 아닌가!

우리는 꼬박 40시간 이상을 기차에 몸을 싣고 달려 블라디보스톡에 내렸다.

북조선 인민증과 벌목 사업장 체류 증도 없이 어두운 밤에 내려 경찰이 불신 검문이라도 하면 우리는 끝장이다.

마침 뒷돈을 주고 탔던 담당 역무원이 있어 유즈나야 까레야(한국인)이라 속이고 여권을 잃어서 그러니 아무 곳에서나 밤을 날 수 있게 해 달라고 부탁을 하며 다시 뒷돈을 주었다. 따라 오라고 하더니 작은 침대가 두 개 있는 역무원 숙소로 안내해 주었다.

다음날 아침 블라디보스톡 역에서 택시를 타고 한국 영사관으로 가자고 택시 기사에게 말했다. 스꼴까 스또이뜨?(요금이 얼마요?) 나는 물었다. 택시비를 물은 이유는 묻지 않으면 이상한 사람으로 보이기 때문이었다.

"20루블." 택시 기사가 말했다. 이렇게 싸다니….

알고 보니 역에서 5분 거리도 안 되는 곳에 한국 영사관이 있었다.

한국 영사관에 도착했다. 거대한 마당이 있는 러시아풍의 집일 줄 알았는데 그저 어느 정도 큰 빌딩의 5층에 위치해 있었다.

졸린 눈을 하고 있던 경비는 우리를 남조선 사람으로 알았는지 의심 없이 들여보내 주었다.

아! 살았구나.

다리가 풀리며 온몸이 녹는 기분이었다.

우스리스크 행

영사관에 들어서자 앳된 아가씨 한 명이 나오더니 "어떻게 오셨어요?" 라고 물었다. "황해도에서 하바롭스크 벌목장에서 근무하다가 탈출한 사람입네다."

여직원은 우리 두 사람의 행색을 아래 위로 힐끗 보고는 "잠시 기다리세요."라는 말과 함께 잠시 후 마른 체형에 안경을 걸은 한 남자가 나왔다.

따라오시지요. 별도의 방으로 안내되었고 "앉으시지요."

우리 둘은 그간의 소상한 내용을 밝혔다.

그는 공책에 우리의 진술을 듣더니 "알겠습니다." 하고는 전화번호 하나를 적어 주며 "그리로 전화하면 혹시 도움이 될지도 모르니 전화해 보십시요, 이제 가 보십시요."라고 말했다.

우리는 눈이 휘둥그래져서 말했다 "우리를 대한민국에 안 데려갑네까?"

"시간과 절차가 필요하니 가 보십시요."

"공민증이든 대한민국 여권이든 아니면 러시아의 파견자라는 증명서라도 주셔야 저희가 러시아 경찰에 잡히면 북조선으로 추방당하는 일을 피할 수 있지 않겠습니까?"

　상담을 마친 그 남성은 갑자기 표정이 돌변하더니 "너희 들이 무슨 영웅
이나 되는 줄 알아? 빨리 안 나가?" 하며 철제의자를 구둣발로 쾅 차며 버
럭 화를 내었다.

　우리는 벌벌 떨며 영사관을 나섰다.
　공포와 모멸감, 무엇 보다 좋은 대접을 받을 것이라는 데 대한 배신감에
치가 떨렸다.

　이제 교통 경찰에게라도 들키면 끝장이다. 이 생각밖에 없었다.

한국인과의 만남

영사관에서 쫓겨나다시피 나온 우리는 영사관 사람이 준 전화번호로 길거리에서 전화를 걸었다. 한국인인 그가 주소를 알려 주며 택시를 타고 오라고 했다.

도착한 곳은 그의 아파트로 그는 러시아와 한국간에 무역을 하는 상인 이었고 민 사장(우리는 민 사장이라 불렀다)이라고만 소개를 하였다.

차로 한 시간이나 떨어져 있는 우스리스크에 당신들과 같은 처지에 있는 동지들이 있으니 2-3일 내에 차로 제가 바래다 드리겠습니다.

이 사람은 누구일까? 남조선의 국정원 직원인가?

나중에 시간이 지나며 알게 된 일이지만 탈북자를 10명이나 도우며 사업을 하고 있는 독지가였다. 2인 1조로 허름한 아파트를 5개나 임대하여 10명의 무리를 돌보고 있으니 큰 부자로 보이지 않는 민 사장은 탈북민을 돕는 진정한 독지가였다.

처음 민사장을 만나기 전까지는 민 사장이란 사람이 우리를 러시아 경찰에 넘기는 것은 아닌가? 다시 뛰어야(도망해야) 하나? 좌불안석이었다.

하지만 천운인가?

민 사장이 우리를 허름한 아파트로 인도하여 살게 해 주었고 한두 달 동안 민 사장과 자주 만나 대화를 나누며 안정감을 느낄 수 있었다.

또한 민 사장이 이미 탈북한 이들을 여덟 명이나 소개시켜 주었다.

우리는 때때로 한국인이 운영하는 교회에 나아가 앉아 있으면 예배 후 점심도 주고 작게나마 돈을 지원해 주었고 특히 남조선인들은 어떤 사람들이며 문화 경제 상황 등을 알게 되었다.

무엇보다도 나보다 이삼 년 먼저 벌목장이나 함경도에서 탈북한 이들과도 이야기해 보고 민 사장과도 많은 이야기를 나누어 보았다. 남조선의 경제력, 말(언론)의 자유, 정부를 비판하는 신문들, 그렇게 하고도 국가가 인정하는 자유 언론, 즉, 반대를 인정하는 자유, 이야 말로 사회주의의 기본 노선 아니었던가?

내가 자본주의에 세뇌되어 가고 있는 것인가?

이러한 생활과 대화를 통해 내가 끔찍하다 할 정도로 충격을 받은 것은 남조선이 경제적으로 엄청난 부를 누리고 있다는 사실이었다.

북에서 사상교육을 받을 때 내가 배운 것은 남조선은 그저 미국의 식량 배급으로 겨우 먹고사는 나라 수준이라고 배웠는데….

1986년 아시안게임 육상부문에서 우승하고는 "우유를 마음껏 먹고 싶었어요."라는 임춘애 소녀의 가련한 말에 얼마나 많은 북조선 인민들이 눈물을 흘렸는가?

북조선에서는 어린이 급식소에서 무료로 매일 흔히 먹는 우유를 세계적인 선수가 흡족히 먹어 보지를 못했다니 남조선은 얼마나 피폐한 사회인가?

빠른 시일 내에 적화통일을 해서 남조선 국민들의 생활을 개선하고 미제국주의자들로부터 해방을 시켜야 한다라는 인민의 단결이 불같이 타올랐다.

이뿐인가. 1980년대 초반 남조선으로 쌀 보내기 운동이 벌어져 전국 방방곡곡에서 쌀을 모으기 시작했고 시골 할머니들은 눈물을 흘리며 남쪽 동포에게 좋은 쌀을 골라 모았다.

훗날 알게 된 이야기지만 북조선에서 가장 좋은 쌀을 남조선으로 보냈는데 대한민국 정부에서는 몇 년이 지난 저질 군량미와 바꿔치기를 하여 대한민국 국민에게 배급을 하여 대한민국 국민들에게 북조선에 대한 배신감을 유발시켰다.

1993년인 지금 북조선의 경제가 망가져 사람이 굶어 죽어 나가는데 남조선 인민들은 더욱 피폐할 것이 아닌가라는 생각에 남조선인에 대한 동정심에 가슴이 메인 적이 한두 번이었던가?

그런데….
그런데….
완전히 속았다.

또 다른 세계

러시아의 가을은
겨울보다 강렬하다.

강추위와 싸워
장렬히 죽어가는
전사와 같다.

겨울은 길고 여름이 짧은 이 땅에는 가을은
한 달밖에 안 된다.

여름날의 푸르름도 잠깐
급속히 나뭇잎의 색채가 변한다.

여름의 영상 30도의 기온이
한 달 만에 영하로 떨어진다.

나뭇잎들은 사정없는 찬바람에

형용할 수 없는 색으로 바뀌고

숲은 잔인했던 전투의 패잔병처럼

헐벗어진다.

단풍이 아니라 각혈이다.

어느 화가가 이 광경을 그릴 수 있을까.

그러한 아름다운 가을에 비해 어리석은 인간들이 만들어 낸 현실은 냉혹했다.

거리에 깡패들이 득실거리고 모두 비법을 통한 장사치나 모든 공무원은 뇌물을 받고 일 처리를 해 주었고 마을 곳곳마다 자본주의에서도 최악으로 처방하는 카지노가 즐비했다. 국가의 무정부상태였다.

수많은 문인과 예술가와 철학자가 있었던 이 나라가 이렇게 황폐화되다니….

민 사장이 얻어 준 5개 아파트에서 벌목장을 탈출한 10명의 인원이 각기 2명씩 살며 간간이 모여 보드카를 기울이며 정보 교환도 하면서 북조선과 남조선 러시아의 현황, 그리고 향후 우리의 미래 등 다양하게 의견을 주고받았다.

그런데 서로 간에 딱 한 가지 금기시된 것은 왜 뛰었는가(도망했는가)

를 묻는 것이었다.

민 사장 역시 이렇게 말했다. "나에게 너희들이 탈북한 이유를 말하지 말라."

"내가 너희들이 탈북한 이유를 알게 되면 너희들을 싫어하게 될 테니까, 나는 특별한 이유가 있어 너희들을 돕는 것이 아니고 다른 사람 또한 목숨이 위태로운 사람들이 있다면 그들 역시 도울 것이다."

간간이 다니는 교회 목사의 근엄함보다 더 신성해 보였다.

민 사장이 먹거리를 사서 많이 공급해 주었지만 5군데 아파트를 매번 공급해 줄 수 없기에 민 사장이 나누어 준 돈으로 가끔 시장에 들러 먹거리를 사야 했다. 북조선에선 구경도 못한 고기들이 다양했다. 그러나 열 명이 모두 안전할 수는 없는 법, 주로 경찰이 없는 저녁 시간에 맞추어 장을 보지만 재수 없으면 경찰에 불심검문을 받았다. 당연히 아무 증명서도 없었다. 동지들 중 경찰서에 붙들려간 적이 수 차례 있었는데 그때마다 민 사장이 경찰서에 와서는 민 사장의 한국 여권을 보여 주며 잡혀 온 이들이 한국인이며 여권을 집에 두고 왔다거나 분실했다고 둘러대고 때로는 러시아 경찰에게 뒷돈을 주고 동지들을 구해 주곤 했다.

그 과정에서도 민 사장은 어찌 저리 차분하고 배짱이 있던지… 우리에겐 하늘이 내린 사람과도 같았다.

북조선 사람들

민 사장이 하루는 우리를 모아 놓고는 출장 시 일어난 일에 대하여 말한 적이 있다. 하바롭스크에서 블라디보스톡까지 업무차 출장을 다녀온적이 있는데 기차를 이용하였다 한다. 중간 역에서 쉬는 시간을 포함하면 40시간을 기차로 이동하는 거리다.

민 사장이 하바롭스크에서 일을 마치고 블라디보스톡으로 돌아오는 기차에서 흔들리는 객차와 객차 간에서 담배를 피우러 나왔는데 북조선 사람으로 보이는 사람이 있어 약간의 용기를 내어 "안녕하십니까!"라고 말을 건네 보았다 한다.

그가 말하길 "오데서 오셨습네까?"라고 말했다.

"서울에서 왔습니다."

"길크만요."

잠시 어색함이 흐르고 "몇 번 방에 계십니까?" 민 사장은 물었다.

"8호 칸이요."

그가 스스럼없이 말하는 것에 약간 놀랐다.

"저는 6번 칸에 있습니다."

북조선 외화벌이조원들은 길거리를 다닐 때 2인 1조 이상으로 다니게 되어 있으며 혼자일 때는 남조선 사람이 말을 걸어와도 자연스럽게 대화를 하지만 예를 들어 둘이 걷고 있는 북조선 사람들에게 뒤에서 "안녕하세요."라고 말하면 뒤도 돌아보지 않고 그냥 굳은 채 정지해 버린다. 이유인 즉, 항시 상대방에 대한 감시와 고발 체계가 있어 둘이 있을 때는 국가의 충성스러운 이야기 외에는 하지 않기 때문이다. 또한 남조선 사람과의 접촉 혹은 대화 자체가 불법인 이유도 있다.

대한민국 사람이 북조선 사람을 만나 대화하는 것은 대한민국 법에서도 불법으로 되어 있다.

"혼자 가십니까?"
"아니요. 모두 네 명이 빵 칸에 있시요."

담배를 피우고는 내 방인 6호실로 돌아와 잠시 생각했다가 보드카 한 병을 들고 8호실의 문을 두드렸다.

"안녕하십니까! 저는 서울에서 온 사람입니다, 제 아버님도 고향이 원산이시고 해서 북조선은 어떤 나라인지 이야기를 듣고 싶었는데 마침 같은 방향으로 가는 열차에 계시다고 해서 술이나 한잔하며 이야기를 듣고 싶어 찾아뵈었습니다."

그들은 아래에 침대 2개 위쪽에 침대 2개가 설치되어 있는 기차 칸을 쓰고 있었는데 네 명이 모두 아래칸으로 내려와 주페(서양식 카드, 포커)를 돌리며 놀이(게임)을 하고 있었다. 나이는 모두 사오십 대쯤 되었을까? 창가 쪽에는 기차창문 밑 벽에 탈부착이 가능한 테이블이 펼쳐져 있었고 먹고 남은 한국산 컵라면이 몇 개 놓여 있었다.

나의 간략 소개에 그들은 아무 대꾸가 없었다.

일 분 이 분 삼 분, 아무 대꾸가 없었다. 나도 오기가 나서 계속 서 있었으나 심히 불편하였다. 그러다가 가장 나이 들어 보이는 이가 말했다.

"남조선에서 오셨다구요?"

"예, 그렇습니다."

"블라디보스톡은 어케 가는 길이요?" 약간 거만한 투로 비스듬히 누워 물었다.

"예, 제가 다니는 회사가 거기 있어서 가는 길입니다."

"뭐 하는 회사요?"

"예, 컴퓨터를 조립해서 미국으로 수출하는 회사입니다."

"까마데나요?"

순간 내 머리칼이 주뼛했다.

이들이 내 회사 이름을 알고 있지 않은가?

"예, 그렇습니다."

이쯤이면 북조선 보위부일 것이다.

순간의 당황으로부터 빠져나오려고 내가 말했다.

"먼저 선생님들 제 술 한 잔씩 받으시지요."

내가 조금 전 객차 사이에서 만난 사람을 포함해서 네 명에게 술을 따랐다.

새로 딴 보드카이고 러시아에서 가장 비싼 값에 파는 스딴다르뜨라는 술이었으니 그들도 약간 유혹을 느끼는 듯했다.

그들은 건배 제의도 없이 술을 한 모금에 들이켰다.

"남조선에서 여기까지 왔으면 보수가 좋갔구만?"

"아닙니다. 돈을 많이 받으려면 미국으로 갔지요."

내가 말을 이어 나갔다.

"저는 북조선(일부러 북한이라 칭하지 않고 그들 국가의 정식 명칭으로 말했다) 상황을 잘 안다고 말할 수 없습니다. 그저 한국 언론에 나와 있는 것만 보다가 러시아에 와서 러시아 보도를 보면 좀 다른 것도 같고 이념이나 나라의 색깔은 다르다 해도 일단 경제력은 중요하지 않겠습니까?"

"남한의 보도에 의하면 북조선이 경제적으로 힘들다고 들었는데 어떻습니까?"

"선생은 한 달에 천 달라는 버시요?" 나이 든 사람이 물었다.

저는 한 달에 월급으로 사천 달러를 받습니다. 그리고 남한의 하급 노동자들도 한 달에 천 달러 이상 돈을 벌고 있습니다, 진심입니다."

그들이 약간 움찔하는 것을 느꼈다.

그중 한 사람이 나섰다.

"고죠 선생이래 북조선의 상황을 전혀 모르는 구만기래…. 기본적으로 우리는 평등을 지향하기 때문에 선생처럼 사천 달러 받고 누구는 천 달러 받고 그런 차별이 없시오, 우리래 4살부터 유치원, 소학교, 중학교, 대학까지 무상교육이디 인민의 각 가정 별로 아파트를 무상 공급했으니 주거에 문제가 없고, 의료 시설까지 무상이디요."

"선생께서 말한 대로 누구는 한 달에 4천 달러를 받고 누구는 1천 달러를 받고 한다면 1천 달러를 받는 사람은 얼마나 소외감을 느끼겠소?

노동자의 육체노동도 신성한 일이오. 거기에 글 몇 자 더 읽었다고 몇 배의 보수를 받는다는 것은 부당한 일이요.

즉, 남조선은 자본에 의한 철저한 계급사회란 말이요."

"선생은 평양에 지하철이 언제 생긴지 아시오?

서울보다 20년이나 빨리 지어졌소 교통비도 무상이오, 게다가 나이가 50세가 넘으면 국가에서 연금도 주고 있소. 남 조선에 연금 제도가 언제 생긴지는 아시오?

불과 15년이 안 되오, 우리는 친애하는 김일성 주석님께서 국가를 창립할 때 부터 연금 제도가 있었소. 그러니 누가 돈을 더 받고 덜 받고 하는 자체가 부끄러운 일이요, 고져 길게 말할 것도 없소, 선생은 속고 살은 기요."

"보기요, 우리 북조선에 중국 군대나 러시아군대가 주둔하면 남조선의 기분은 어떻겠소?

정치 경제 문화 모두가 미국식을 따라 하는 것이 당연함을 넘어 자랑스럽게 생각 하는 남조선은 가히 미국의 속국이라 칭하는 것이 무리라 생각

할 수 없디 않갔소."

"길구 평양은 지상 낙원이요, 굶는 이가 없이 서로 공평하니 남의 물건
을 훔칠 일도 없디 서로 간의 이기심이나 시기심도 없디, 무엇보다도 살
인 사건이 없소, 물론 가끔 정신 질환 분자가 문제를 일으키기도 하디만
그러한 질환 분자들도 안락한 요양 시설에서 잘 보호 관리되고 있소. 내
말이 의심스러우면 딱 일주일만 평양에 다녀 오시구레, 우리가 모시고 갔
다가 딱 1주일 후면 이 자리에 다시 모셔 드리갔소."

차분하면서도 권위를 느끼게 하는 어투와 막힘없는 그의 말을 듣고 있
자니 정말 내가 속고 살은 것은 아닌가 하는 생각마저 들었다.

채 1시간이 지나지 않았다, 보드카 1리터짜리 한 병을 네 명이서 다 비
웠다.
나는 긴장한 탓에 술이 취하지 않았다.
"제가 또 한번 방문 드리지요."라는 말을 남기고 나의 6번 방으로 돌아
왔다.

나를 기다리고 있던 러시아 직원이 말했다.
"왜 이리 오래 걸리셨어요?"
"이봐, 빅또르. 너는 북한에 대해서 어떻게 생각해?"라고 나는 물었다.
"별 생각 안 합니다, 관심도 없구요, 그저 가난한 나라로 알고 있어요."
러시아인다운 답이었다. 즉, 나와 혹은 나의 국가와 별로 관계가 없는데

내가 왜 관심을 가져야 하나 하는 정도였다.

우리는 세계 최고의 대국인데 다른 반 좆만 한 나라에 뭐 하러 신경을 쓰는가, 하는 러시아인들의 대국적 심리가 깔려 있었다.

나는 다시 잔에 보드카를 가득 부어 한번에 마셨다.

이내 침대에 쓰러져 잠이 들었다.

대한민국에서는 북한을 조금이라도 우려하거나 혹은 동조하면 종북 세력으로 몰고 가고 있다. 경제적으로 파산 상태이자 삼대를 거쳐 왕정국가를 넘어 신정국가로 가는 북한의 상황을 누가 좋아하겠는가. 그러나 그들은 그들의 방식대로 살고 싶은 것이다.

과거 안중근 의사에 의해 일본 피격당한 이토 히로부미의 일기장의 한 구절을 소개한다.

아!

불쌍한 조선 민중이여!

대일본제국이 없었다면 이들은 어찌 할 뻔했는가?

인식의 오류다.

이토록 인간의 사고는 서로 다르다.

독재국가보다 신정국가가 더욱 위험하고 더욱 통일은 더 멀어진다.

탈북자들의 의견

"고져 민 사장님은 사상교육을 제대로 한번 받으셨습네다 그려."

내가 도와주고 있는 탈북자 한 명이 나의 하바롭스크 출장 경험담을 듣고 한 말이다.

탈북자 여럿이 모여서 내가 출장에서 돌아올 때 기차 안에서 일어난 이야기를 들려 주었는데 몇몇은 너털웃음을 지었고 몇몇은 그저 묵묵, 나머지 몇몇은 괴로운 듯 담배를 연신 빨아댔다.

왜 각자가 다른 표정을 짓고 있을까?

나는 그들이 왜 각기 다른 표정을 짓고 있는지 알 수 있었다.

너털웃음을 짓는 이는 오히려 위험하고 교활하다.

묵묵히 있는 사람은 그저 혼돈의 시간이다.

괴로운 표정을 짓는 이는 북조선의 가족이 눈앞에 어른거리며 특히 북조선에서 사상교육을 어려서부터 철저히 받은 뇌리에 있는 그들로서는 조국을 배신했다는 고뇌이다.

차라리 솔직하다.

평등과 법치, 상식 이런 단어들은 정치인들이 좋아하는 이야기다.

더 이상 이러한 단어들에 함몰되어서는 안 된다.

오히려 갈등과 경쟁, 종교 간의 분쟁과 서로의 이익에 따른 전쟁 이러한 말들이 솔직하다. 이러한 것들을 제거하려는 노력이 필요하다.

정치가란 기본적으로 여러 사람이 나누어 가질 수 있는 것을 몇몇 사람이 갖는 것이다.

"정말 위험한 짓을 했어…."

훗날인 지금 한국의 전문 스파이에게 기차 속에서 벌어진 이야기를 했더니 나온 답변이었다.

"북한인들 특히 보위부 사람들은 이거 대외 선전용으로 쓸 만하다 싶으면 납치를 해. 그리고 2-3년 사상교육을 받고 거의 뇌 세탁을 받는 수준이 되면 실제 북한의 혁명 전사가 돼, 조심하게."

민 사장은 등골이 오싹했다.

동지들의 만찬

겨울.

하루는 동지(우리들은 동지라 불렀다)들 중 한 명인 김철기가 물었다.

"민 사장님 1월 달에 생일이 있다면서요?" 김철기가 물었다.

"그렇지, 근데 갑자기 생일은 왜 물어?" 민 사장이 답했다.

"글쎄 그냥 물어봤시요." 김철기의 답이었다.

우수리스크의 겨울은 혹독하다. 겨울 평균 온도가 영하 15도이며 때때로 영하 37도까지 가는 경우도 있다.

아! 이곳에서 안중근 의사들과 애국 항일운동가들은 얼마나 추웠을까?

작물 재배도 안 되는 이곳에서 그들은 무엇으로 끼니를 때웠을까?

1월 중순.

김철기가 말했다.

"내일 모래가 민 사장님 생신인데 저희가 요리를 만들어 대접하갔시요."

"무슨 요리를? 평양 냉면이라도 만들 수 있는 거야?" 민 사장이 말했다.

이틀 후.

동지들 세 명이 커다란 개 한 마리를 민 사장 아파트로 데리고 왔다.

"이거 뭐야?" 민 사장이 물었다.

"일전에 민 사장님이 남조선에서 가끔 단고기(개고기)를 드셨다고 들었습네다.

그래서 우리 동지들이 뜻을 모아 개고기를 대접하갔으니 그리 아시라요."

김철기의 말이었다.

"이건 살아있는 개잖아? 이걸 이 아파트에서 잡는다고?

동지들, 여기서 개 잡는 걸 경찰이 알게 되면 모두 감옥 행이야!"

민 사장이 말했다.

러시아에서는 동물학대에 관한 법이 매우 강화되어 있고 특히 개를 잡아먹으면 형사 처벌이었다.

"민 사장님 어케 그걸 우리가 모르갔시요? 두 달 전부터 준비한 계획이니 걱정 마시라요."

민 사장은 걱정 반 호기심 반으로 말했다.

"나는 차 몰고 한 시간쯤 밖에 있다 올 테니 알아서 해 봐."

민 사장은 차를 몰고 우스리스크 외곽으로 나갔다.

시베리아.

자동차 안의 음악 테이프에서는 영화 닥터 지바고의 "라라의 테마"가 흘러나왔다. 정말 아름다운 겨울 광경이었다.

이 척박한 땅에서 무엇을 느끼라고 저런 아름다움을 만들어 놓았는지….

한 시간 반쯤 지나서 민 사장은 시내 공중전화에서 집으로 전화를 했다.
김철기가 전화를 받았다.
"한 시간이면 오신다더니 한 시간 반이나 되었시요." 김철기의 말이었다.
그래 개는 잡았어? 민 사장이 물었다.
"예, 고죠 양념까지 다 됐으니 얼릉 오기요." 김철기가 말했다.

집에 도착해 보니 정말로 개고기는 물론 함경도식 양념까지 다 해 놓고
민 사장을 기다리고 있었다.
생일 케익은 없었지만 각자 개 고기를 한 접시씩 앞에 놓고 보드카를 부
어 각자의 옆에 놓고 북한식 생일 노래를 불러 주었다.

"♬ 기쁨 넘치는 생일을, 노래 속에 행복한 생일을, 노래 불러 축하합니다. ♬"

푹 삶은 개고기와 어울린 함경도식 양념장이 그렇게 맛있을 줄은 몰랐다.

"그나저나 어떻게 개를 잡은 거야?" 민 사장이 물었다.

러시아에는 심한 경제 난으로 개를 거리에 버리는 경우가 많았으며 혹
독한 추위에 거리를 배회하는 개들이 많았다.

"북조선에서도 익히 잡아 봤시요, 먹거리가 없는데 어카갔시요?

개라도 잡아서 먹어야디요, 그리구 이젠 개를 다들 잡아 먹어서 동네에서 개 구경하기도 힘들어요, 그러다 보니 오죽하면 나무 껍질을 벗겨 삶아 먹갔시요? 일단 개를 아파트에서 잡을 때는 아파트 목욕탕에서 철사로 개 주둥이를 감지요, 짖지 못하게요, 그 다음 뒷다리 두 개를 철사로 감고 다음에 앞다리 두 개를 철사로 감으면 개는 꼼짝 못하디요, 그 다음 식칼로 심장을 찔러 피를 모두 흘려보내지요, 글케 피를 빼야 고기가 부드러워집네다."

김철기의 말이었다.

민 사장은 혼자 생각했다.

나도 잔인해진 것인가 아니면 자연스러운 먹거리의 하나로 봐야 하나.

짐승은 인간의 내장에 들어가 제 소임을 다한다.

다른 짐승이 또 다른 짐승을 내장에 채우듯이….

민 사장은 보드카를 들이켰다.

한정식당

남한산성 기슭의
3공수 길목

아버지는 한씨고
아들은 정씨였다

어머니는 집 나간 지 오래

아비와 아들이
함께 만들어내는
순두부와 도토리묵

굴뚝엔
김이 모락모락 나오고

사찰보다 고요한
한정식당

여교사의 매춘

창녀와 범죄가 없는 국가라는 사회주의의 자존심은 완전히 붕괴된 상태였고 우수리스크 역에는 저녁과 밤이면 창녀들이 벽에 기대어 손님을 기다렸고 심지어 호모와 남창까지 배회하며 손님을 맞고 있었다.

인간도 짐승과 같아서 목숨이 걸린 극한 상황을 마주하면 암컷을 찾는다.

대한민국에서도 남자가 군에 갈 때 친구들이 호주머니 돈을 털어 군에 가는 친구만을 홍등가에 집어넣어 주는 관습이 있다는 것을 들었다.

내가 그간 민 사장의 도움과 교회에서 준 돈을 꼬박 모아 두어 그나마 여유를 갖게 된 어느 날….

심하게 성욕이 몰려왔다.

스산한 저녁 우수리스크 역전에 갔다. 한참을 서성이며 마치 다른 볼일을 보는 척하며 여자들을 살폈다. 아담하고 순박해 보이는 여성이 눈에 들어왔다.

즈드라스트 브이쩨 제부쉬까!(안녕하세요 아가씨)

그 다음은 저음(低音)으로 여인에게 바짝 다가서서 말했다.

스꼴까 스또이뜨?(얼마죠?).

50 돌라루 스 보드카 70달러루. (50달러, 보드카까지 제공 시 70 달라)

하라쇼, 빠이좀. (좋아, 갑시다)

멀지 않은 그녀의 집에 도착했다.

그녀는 보드카와 흘렙(빵)과 쵸콜릿을 가져와 탁자 위에 놓았다.

다와이!(건배).

작지 않은 크기의 잔에 거푸 두 잔을 마셨다. 가슴이 훈훈해지며 좋은 취기가 올라왔다. 그녀와 간략히 대화를 해 보았다.

직업은 현직 교사로 3년 전 이혼하고 혼자 산다고 했다. 국가의 붕괴로 산업이 멈춘 상태가 되자 거의 대부분의 러시아 남자들은 직업이 없었고 술로만 세월을 지내자 아내와의 분쟁으로 당시 러시아의 이혼율은 90%에 육박하기도 했다. 국가가 붕괴되면 국경만 존재하고 모든 산업은 정지가 된다. 남자는 당연히 직업이 없어지고 무료한 밤낮을 술로 보내는 수밖에 없다. 오늘은 이 집 내일은 저 집으로 돌아가며 빵과 쵸콜릿 하나 놓고 보드카를 들이켜 만취 상태로 있으니 어느 여자가 좋아할 것인가.

심지어 어느 지방의 어느 도시는 마을 전체의 남자가 알코올 중독에 빠진 일도 있었다.

실상 여자도 마찬가지이나 여자들은 청소부를 하거나 거리에서 몸을 팔거나 다른 나라로 시집가는 경우가 많아 국제결혼 중개 업소가 성행을 하고 있었다.

그녀에게 직업이 있는가를 묻자 학교 7학년 교사(러시아의 초, 중, 고는 합해서 11학년제이다)라고 한다. 교사가 어찌 몸을 파는 일을 하는가 하고 묻자 그녀는 잠시 따라오라며 부엌에 있는 냉장고를 열어 보여 주었다.

버터 한 뭉치, 흘렙(빵) 반쯤 남은 보드카 그것이 다였다.
"나는 한 달에 90루블(30달러)을 버는데 삶을 이어 갈 수 없어요.
죽는 것 보다는 몸을 팔아서라도 살아야 해요."
삼 일 정도 창자가 비워지면 도둑질마저도 신성하다.

"내가 학교에서 아이들을 가르치고 있지만 사상과 교육도 생명을 보존 하자는 데는 다름이 없어요. 우리 국민들은 이렇게 혹독한 환경에 처해 있지만 국가는 붕괴되어 아무 기능을 하지 못하고 있어요, 불과 1-2년 전 만해도 빵과 치즈, 과일까지 살 수 있는 돈이 국가에서 지급되었지만 지 금은 환율이 5배나 올라 90루블의 월급으로는 겨우 빵을 살 수 있을 정도 예요.

국가의 통치자를 바꾸면 나라가 달라지겠지만 우리에겐 그럴 힘과 조 직이 없어요, 그리고 그런 저항의 움직임이 발각되면 비밀 경찰국(KGB) 에서 모두 전화를 도청하거나 생활을 감시해서 샅샅이 알고 있을 뿐만 아 니라 발각되면 잡혀가 수용소 생활을 하게 되지요.
국가의 위기는 우리가 감내해야 하는 사명이라고 우리는 교육받아 왔기 때문에 우리 또한 국가의 일원으로서 이 참혹한 시절을 견디고 있습니다.

이러한 이유들도 있지만 인간은 살기 위해 태어난 존재예요.

남성들이 성욕을 가지고 있는 한 이 직업은 존재할 것이고 나의 죽음보다는 내가 이 직업을 선택해 삶이라는 것을 이어가는 것이 올바르다고 생각해요.

나는 비록 몸을 팔지만 내 몸과 화폐를 교환한다고 생각해요.

그리고 예의를 갖추지 않은 고객은 나는 거절해요. 원래 섹스는 건강한 것인데 사회가 자본주의로 돌아서며 이런 직업이 생겼을 뿐이에요.

우리가 가치 있게 생각해 왔던 모든 문화 예술들도 생명의 가치 앞에서는 무슨 의미가 있나요?

인간은 절벽에 있다고 해도 풀 한 포기라도 쥐고 삶을 유지해야 하는 것이에요."

매우 현실적이며 현명한 판단이다.

갑자기 나의 눈가도 촉촉해졌다.

여자의 거실에는 작은 녹음기가 있었는데 쇼스타코비치의 음악이 흘러나왔다.

아이러니다.

나체로 침대에 누워 있는 그녀를 보았다.

어둠 속에서도 몸에는 흰 빛이 반사되고 있었다.

이렇게 아름다울 수가….

감히 손을 대기에도 부담스러운, 만지면 손상이 올 것 같은 백옥의 피부, 영롱한 푸른 눈, 고혹적인 이마, 그야말로 은빛 찬란하였다. 내 온몸이 슈크림으로 만들어진 그녀의 몸 속으로 빨려들어가는 듯했다.

백야의 끝자락에 내리는 밤비는 묘한 하늘색을 만들어 낸다.

진한 포도주빛의 밤은 그렇게 지나갔다.

여성의 아름다움은 국가의 경쟁력이다.

러시아의 실생활

여기서 러시아의 생활상을 한번 짚어 보고자 한다.

대한민국 사람들에게 러시아는 어떤 나라로 비쳐질까?
추운 나라, 여자가 예쁜 나라 정도?

러시아에 유명한 것이 있다면 여자, 술, 개(Dog)라는 말이 있다.
눈 내린 자작나무와 함께 러시아식 털모자를 쓰고 서 있는 러시아의 여성은 실로 아름답다. 눈 덮힌 벌판을 지날 때면 영화 〈닥터 지바고〉(보리스 빠스쩨르나크 소설)가 저절로 오버랩 되고 쏘피아 로렌이 주연했던 영화 〈해바라기〉가 떠 오른다.
하지만 실제는 그리 낭만적이지 않다..
수천 년을 척박한 기후와 환경, 혁명 등을 거치면서 견뎌 온 나라다.
순박하고 아름다웠던 낭만은 자본주의의 폭격으로 30년 전에 끝났다.

가끔 러시아인들은 말한다.
"너희들 자본주의자들이 우리의 평화를 깨뜨렸잖아!"

성(性)에 대해서도 개방적이어서 돈을 주고 몸을 파는 여성마저 고객과 함께 과감한 유희를 즐긴다.

소비에트 시절, 여성은 약자라는 것을 전환하여 여성과 남성은 법적으로 동등하며 오히려 여성이 우위에 있다고 생각될 정도이다.

예를 들어 여자와 남자 간에 다툼이 생겨 육탄전을 벌였다면 경찰서에서 남자의 죄를 더 무겁게 처벌한다.

러시아 여성들은 "남자가 머리라면 여자는 목이다."라는 서늘한 말을 하기도 한다.

국경일도 남성의 날은 하루 휴일이지만 여성의 날은 3일간 휴일이며 꽃이 하루에 4억 송이가 팔린다.

대한민국과 북조선에 비하면 러시아 남자들은 불쌍하다.

러시아 보드카는 전통적으로 명주다.

화학 원소기호를 만들었던 러시아의 멘델레프는 자신의 몸과 연구원 수 백명을 통해 인간이 어떤 술, 그리고 몇 도의 술이 가장 건강을 해치지 않고 마실 수 있는 술인가를 연구하여 곡주로 만든 증류주이며 40도의 도수의 술이 인간에게 가장 적합하다는 결론을 내렸다. 이에 유럽의 위스키와 꼬냑도 40도로 맞추어지게 되었다.

러시아에서 술이 사회 문제가 될 정도로 사람들이 많이 마셔서 고르바쵸프 시절에는 한때 금주령이 내려지기도 했으나 쏘련의 붕괴 후 옐친 정부가 들어와 무정부상태를 만들면서 산업이 붕괴되면서 남자들의 실업률이 70% 이상 되면서 실업자가 된 남자들은 하릴없이 술만 마시게 되었다.

당연히 알코올 중독자는 늘어갔고 이에 질린 여성들은 남편과 이혼을 많이 하였다. 역설적으로 명주인(몸에 덜 해로운) 보드카를 마시고 알코올 중독이 되었으나 만일 다른 술(증류주가 아닌 화학 주)을 그렇게 마셔 댔다면 아마도 사망율이 급격히 늘어났을 것이다.

북조선인과 로마의 휴일

하루는 민 사장이 탈북인들 10명을 모이게 했다.

민 사장이 말했다. "내가 재미있는 유럽 영화 하나를 보여 주려고 이렇게 모이게 했으니 여러분들 긴장을 풀고 한번 감상을 해 봐."

"영화 제목은 〈로마의 휴일〉이란 것인데 공주의 일탈과 사랑이야기야, 여배우가 얼마나 예쁜지 봐…."

민 사장은 비디오를 틀었다.

영화가 진행되는 동안 민 사장은 영화를 보고 있는 탈북인의 표정을 하나하나 관찰하고 있었다. 민 사장은 이 단순하고 코믹하며 아름다운 영화를 보여 주면 탈북민들은 어떤 느낌을 가질까 하는 의문을 가졌었다.

일종의 심리 분석을 해 보고 싶었던 것이다.

영화가 끝났다.

방안의 불을 켰다.

모두 똑같이 무표정하고 그저 피곤한 시간을 보냈다는 표정들이었다.

그들에게는 감상이란 계급 투쟁의 방해물이며 특히 서방세계의 영화라는 것들은 무산계급에 대한 거짓 선전이며 착취 수단으로 배워왔던 것이다.

즉, 감상력이란 것이 퇴화되어 거의 없는 상태인 것이다.

놀란 것은 오히려 민 사장이었다.

"이렇게 아무 느낌들이 없다니."

그들에게 감상이란 썩은 자본주의의 산물이며 혁명에 걸림돌일 뿐이었다.

로마의 어둠이었다.

노래

내 창은 지상의 드높은 탑,
지상의 드높은 탑.

보이는 것은 오직 저녁노을 물든 하늘,
저녁노을 물든 하늘.

하늘은 어쩐지 공허하고 창백하네,
너무도 공허하고 창백하네…

하늘은 동정하지 않네, 가난한 마음을,

가난한 마음을.

아아, 미칠 듯한 슬픔에 잠겨 나는 죽어가네,
나는 죽어가네.

나는 갈망하네, 미지의 것을,
미지의 것을….

나는 모르네, 이 열망이 어디서 왔는지,
어디서 왔는지.

그러나 마음은 기적을 원하네,
기적을!

오, 실현되기를, 있을 수 없는 일이,
결코 있을 수 없는 일이.

창백한 하늘이 나에게 기적을 약속하네,
하늘이 약속하네.

나는 눈물 없이 울고 있네, 믿지 못할 약속 때문에,
믿지 못할 약속 때문에….

내겐 절실하네, 이 세상에 없는 것이,

이 세상에 없는 것이.

– 끼삐우스, 러시아 시인 –

배반의 시베리아

우스리스크에서 살아온 날도 2년이 지났다.

그저 민 사장이나 한국 교회에서 주는 최소 생활비로 살아가고 있었다.

때마침 미국 국적의 목사 부부가 사할린에서 우수리스크로 와서 많은 탈북인들에게 많은 도움을 주고 있었다. 그 부부는 사할린 우리민족 뿌리 찾기 협회장으로 일하다가 우스리스크에와서 탈북인들을 돕고 있었다. 우리는 그들을 한 회장이라 불렀고 그는 한 장로라고 불러 달라고 했다.

여러 탈북인 중 김광필과 허도일이란 사람이 있었다.

이들이 우수리스크에서 어찌 살아가고 있는지는 잘 알 수가 없었다.

김광필은 성격이 차분하나 가끔 대화를 해 보면 북조선의 학습된 교활함을 버리지 못한 듯했고 말도 함부로 할 때가 많았다. 이에 비해 허도일은 성격이 시원 시원하여 농담도 잘하고 겁 없이 거리를 활주하고 다니는 편이었다.

교회에 나가서 예배를 보던 한 장로에게 허도일이 말하길,

"장로님! 웅담을 구할 방도를 알았는데 혹시 필요하십네까? "

"음, 그거 좋지."

"길타면 1그람당 5달러를 달라고 하는 데 50그람짜리야요, 250달러를 주시면 낼 모래 화요일 날 한 장로님 집으로 들러 자져다 드리갔시요."

"한 장로는 그 자리에서 바로 250달러를 허도일에게 주었다."

이틀 후 허도일과 김광필은 한 장로 집에 들렀고 허도일이 안 주머니에서 자그마한 웅담을 꺼냈다.

"한 장로님, 이거이야요."

"그런데 이거 돼지 웅담인지 다른 동물의 쓸개인지 어떻게 믿는가?" 한 장로가 물었다.

"내가 믿을 만한 사냥꾼한데 사기는 했지만 북조선에서도 사냥도 해 보고 웅담 캔 경험이 있으니 보여 드리갔시요."

허도일이 부엌에 가더니 투명한 잔에 물을 한 잔 가지고 왔다.

그러더니 잠바에서 작은 주머니 칼을 꺼내더니 중지 손가락 끝을 잡더니 썩 베어서는 가지고 온 잔에 핏방울을 떨어뜨리고 있었다.

"야, 이 사람아 손을 칼로 찌르면 어떡하나?" 한 장로 부부가 기겁을 하며 놀랐다.

"고져 잠시만 계시라요…."

대여섯 방울 이 넘는 핏방울을 컵에 떨어뜨린 후 허도일은 말했다.

"모든 다른 동물들의 쓸개는 핏방울이 떨어진 컵에 쓸개의 작은 일부를 떨어뜨리면 그저 밑으로 하강하디요, 그런데 진짜 웅담만은 직진 하강이 아니고 회전을 하면서 떨어지게 되어 있습네다."

허도일은 웅담에서 1센티 정도의 웅담 조각을 칼로 후벼 파 잘라내더니 물 컵 위에 떨어뜨렸다.

정말로 신기할 정도로 웅담 조각이 회전을 그리며 컵 밑으로 떨어지고 있었다.

"이건 진짜 웅담입네다!" 허도일은 자랑스런 표정으로 말했다.

와! 하는 작은 탄식과 함께 한 장로 부부는 놀람과 기쁨을 감추지 못했다.

핏물에 담긴 웅담을 허도일은 한번에 쭈욱 들이켰다.

"장로님 덕분에 제가 웅담을 먹었시요!"

한 장로부부는 저녁상을 차렸다.

"나는 종교인이라 술을 못하지만 자네들은 보드카를 한 잔 하게."

"고맙습네다."

그렇게 한 장로 부부와 허도일과 김광필은 한 장로 집에 자주 들락거리게 되었다.

허도일과 김광필은 한 집에 기거하고 있었다.

허도일은 말했다. "니 보라우 광필이! 우리가 여기 온 지가 2년이 넘었어, 목숨을 걸고 뛴 우리 아니가? 말로만 듣던 자유 대한민국에 가고자 했으나 한국 영사관에서는 아무 연락도 없고 우린 언제까지 이렇게 거렁뱅이로 살아야 하는기야? 실상 우리가 악질 자본주의에 맞서야 한다는 생각은 변함이 없어. 미제의 앞잡이로 민족 혼을 팔아먹은 나라, 돈에 의한 철저한 계급주의 사회에 과연 가야 하는가 하는 의문이 끊이딜 않아."

"길게 말이야. 이럴 줄 알았으면 뛰지 말 걸 그랬다 하는 생각이나…. 고향 생각과 처자식, 부모님 생각에 매일 밤 베갯잇을 적시고 있어." 김광필이 말했다.

혼돈의 이야기가 허구헌 날 이어졌다.

허도일이 말했다 "중국으로 가자우. 여기 우스리스크에 많은 중국인들에게 들어 보면 여기에 러시아 체류증도 없는 장사꾼들은 경찰 단속이 나오면 뒷돈을 주고 경찰은 그냥 넘어가 주는데 이것이 조직화되어서 중국인 상인회를 만들어 정기적으로 상인회에서 러시아 경찰에 뒷돈을 주고 있다는 기야. 한마디로 돈 받고 눈 감아 주는 것이다."

"중국 이야기를 들었는데 말이디, 중국은 뒷돈 거래가 더 심하다는 기야. 여기로 훈춘이나 연길에서 온 상인들이 중국 국경을 어케 넘어 왔갔어? 모두 뒷돈을 주고 넘어온다는 기야 러시아 국경 수비대도 중국 공안과 짜고 입국을 시켜주고 말이디…."

김광필이 "그런데 어케 중국으로 가디?"라고 물었다.

"걱정 말라우. 내가 아는 중국 공안이 우수리스크에 파견되어 있는데 나랑 몇 번 술잔을 기울이며 친해졌는데 돈만 있으면 중국행 기차표를 사게 해 줄 거이야. 기 통행증 없이 말이야. 중국이라야 여기서 연길까지 가는데 고져 세 시간이야, 세 시간. 사람 이름은 지마라고 불르는데 이런 일에 익숙해서 중국에 고착해도 신분증 검열 없이 중국 땅을 밟을 수 있다누만."

"길구 중국은 이미 공산체제를 유지하며 자본주의를 받아들이는 기묘한 체제가 되어서 국가 주석이 흑묘(黑描)이든 백묘(白描)이든 쥐만 잡으면 된다라는 묘수가 생긴 기야. 고기 가면 돈 만주면 공민증도 살 수 있다고 하고 우리랑 얼굴이 모두 같으니 우리가 피해 다니기도 좋디 안칸."

허도일은 목소리에 힘을 주며 말했다.

"문제는 돈을 어케 구하는가인데…." 허도일은 눈을 지그시 감았다.

1994년 1월 허도일과 김광필은 마음을 굳혔다.

"중국으로 가자."

허도일과 김광필은 한 장로 집을 드나들며 넌지시 말했다.

"장로님, 바다 낚시해 보신 적이 있습네까?"

"바다가 해변에서 500미터까지 얼었다는데 낚시가 웬말인가?" 한 장로가 말했다.

"아하! 모르시는구만요. 얼은 바다 위에서 사람들이 구멍을 내서 낚싯대를 드리우면 고져 술술 올라 옵니다래." 허도일이 말했다.

"글쎄 생각 해 보지." 한 장로가 말했다.

일주일쯤 지났을까?

김광필이 생선 세 마리를 들고 한 장로 집을 방문했다.

"장로님 이거 보시라요, 한 시간 전에 잡은 기야요. 우하라는 물고기인데 회를 뜨면 맛이 거죠 환상이야요."

바닷가로부터 들고 오는 길에 생선의 겉은 얼어 있었지만 가운데 부위
는 시원하게 갈라졌다.

"광필이 덕분에 이 나라에서 생선 회를 먹어 보다니… 수고했네." 한 장
로는 말했다.

그날 한 장로 부부와 우리는 우하 물고기 회를 배 터지게 먹었다. 보드
카와 함께.

러시아인들은 왜 그런지는 몰라도 음식이 발달하지 않았다.

바닷가를 옆에 두고도 그저 생선을 잡으면 끓여서 수프와 함께 먹을 뿐
천지에 널린 해삼, 멍게, 영어 등 먹을 것 천지인데도 그들은 먹는 법을 몰
랐다.

돈의 경우도 러시아 국민들은 은행에 돈을 맡기지 않는다. 일단 돈을 맡
겨도 이자라는 제도가 없을뿐더러 오히려 은행이 고객의 돈을 보관해 주
기 때문에 보관료를 내야 한다. 많은 양의 돈을 가진 사람들은 일부만 은
행에 넣고 나머지는 별장이나 집에 보관한다. 은행에 돈을 많이 예금하면
세무조사가 나오기 때문이다.

그래서 러시아 사람들은 돈을 집에 보관한다. 보관 장소는 침대 속이나
베개 속, 고양이 사육칸의 바닥 등 다양하다.

참고로 우수리스크는 옛 한국어로 해삼위라고 불리우며 그 이유는 해
삼이 많아서이다. 독립운동가들이 해삼으로 허기를 채우기도 하였고 안
중근 의사의 단지 동맹이 이루어진 곳이기도 하다.

러시아의 눈은 마른 건설(乾雪)이라 차의 바퀴자국도 한 시간이면 바람

에 날린 눈으로 덮여져 그저 설원이 된다.

하루는 허도일이 말했다.

"장로님, 바다 낚시 한번 같이 안 가실랍네까?" 허도일이 재차 물었다.

"글쎄, 낚시는 모르겠고 내가 사진 찍는 것을 좋아하니까 사진이나 찍으러 한번 가 볼까?" 한 장로의 말이었다. "그런데 자네 운전은 잘 하나?" 한 장로가 말했다.

"아이고 내래 벌목장에서 뜨렉또르(트럭) 운전을 했시요. 눈길 운전은 나를 따를 자가 없시요." 허도일은 말했다.

"고죠 날만 잡으시라요, 제가 차량도 준비하고 얼음 바다 가는 길도 잘 알고 있습네다." 우스리스크의 겨울밤은 길다. 아침 오전 10시쯤 해가 어렴풋이 떠서 오후 4시면 어둠이 찾아온다. 나머지는 밤이다.

"단단히 장비를 챙기시라요, 밖은 영하 30도가 넘어요."

허도일이 러시아 친구에게 100달러를 주고 빌린 지프차를 운전하고 조수석엔 김광필이 앉고 뒷좌석에는 한 장로 부부가 앉았다. 허도일이 얼음 낚시를 제안하고 일주일이 지나서였다. 평일이라 사람도 적고 싸늘한 추위에 거리의 러시아인들은 샤쁘까(머리에 쓰는 동물의 털 모자)를 쓰고 있었다.

약 40분을 달렸을까? "저기 보시라요. 삵들이 얼음 구멍을 파고 낚싯대를 드리우고 있지 않습네까? 이 추위에 몇 시간을 저렇게 얼음 위에서 낚시하는 민족은 러시아인밖에 없을 꺼야요….'라고 김광필이 말했다.

"나는 낚시에는 관심이 없고 낚시하는 사람들의 모습과 눈 덮힌 시베리아의 자작나무를 사진에 담고 싶네." 한 장로가 말했다.

저주받은 인내심의 땅 러시아.

우리는 모두 내려 낚시꾼들을 구경했고 한 장로는 사진 찍기에 여념이 없었다.

30분쯤 지났을까?

"춥다, 그만 차로 들어가자." 한 장로가 말했다.

"장로님 제가 한국산 커피를 준비했시요. 이 차에는 온장고까지 있어 따뜻한 커피를 마실 수 있습네다." 김광필이 한 장로 부부에게 각각 종이컵에 따른 커피를 건넸다.

"자네들은 안 마시나?" 한 장로가 말했다.

"고져 커피라는 걸 평소에 마서 봐야 맛을 알지요. 우리들은 맛이 써서 못 마십네다."

허도일은 말했다.

그윽한 커피를 한 장로 부부가 마시는 것을 빽 미러로 본 허도일은 천천히 핸들을 돌렸다.

"니 보라우, 광필이 4시간 내로 끝내야 해!"

한 장로 부부가 마신 커피에는 약물이 섞여 있었고 4시간 동안 정신을 잃는 약물이었다. 두 시간 동안을 달렸다.

러시아의 경우 도시에서 30분만 차로 달리면 바로 야생이다.

이 야생 지역에는 늑대는 물론 야생 삵과 곰, 호랑이 등이 많이 서식하고 있고 이 동물이 숲속으로 끌고 들어가 잡아먹은 사체는 매와 독수리들이 와서 잔반을 처리한다. 그리고 뼈는 눈에 묻혀 얼어 버린다. 즉, 동물의 사체는 아무것도 남지 않는다.

이윽고 허도일과 김광필이 미리 보아 둔 숲에 도착했다.
한 장로 부부의 옷을 모두 벗기고 나무 숲 깊숙하게 있는 커다란 나무에 한 장로 부부를 서로를 등지게 하고 노끈으로 묶었다.

영하 32도.
40분이면 몸이 얼어 움직일 수 없게 되고 한 시간이 지나면 장기가 얼어 목숨을 잃는다. 설사 목숨이 붙어 있더라도 무릎까지 차는 야생의 눈을 밟고는 채 1킬로미타를 가기도 전에 얼어 죽는다.

"늙은 것들이 축 늘어지니 여간 무겁디 안구만!" 허도일이 말했다.
한 장로 부부를 묶은 노끈마저도 말린 소 꼬리(러시아는 소 꼬리 값이 매우 싸다)를 이어 붙여 만든 것이라서 야생 동물이 와서 한 장로 부부를 뜯어먹으면 노끈까지도 먹어 치울 것이다.
한 장로 부부의 다리와 배, 목까지 소 꼬리 노끈으로 묶었다.

그리고는 허도일은 차로 가더니 온장고에서 준비해 온 소의 간을 칼로 썩썩 베더니 대여섯 조각을 한 장로 부부가 묶여 있는 나무 주변에 던져 놓았다.

그 소의 간에서는 온기가 있어 김이 모락모락 났다.

다른 야생 동물들이 냄새를 맡고 빨리 올 수 있도록 하기 위함이었다.

"이쯤이면 반 시간 안에 여러 짐승들이 와서 더 깊은 산으로 끌고 가서 흔적도 없어질 게야. "허도일이 말했다.

"혹시 중간에 약발이 떨어져 소리를 지르면 산 짐승들이 더 빨리 올 게야." 김광필이 말했다. 치밀한 작업이었다.

서슬이 오라지게 퍼런 밤.

일을 마친 두 사람은 차를 몰고 항상 불이 꺼지지 않는 대형 소각장으로 가서 한 장로 부부의 옷 가지와 카메라까지 전부 불구덩이에 던졌다. 완전히 다 탄 자취물을 확인하고 한 장로 집으로 갔다.

거기엔 이미 중국 공안인 지마가 와서 기다리고 있었다.

"이 보오! 빨리 정리하기요." 지마가 함경도 말씨로 말했다.

허일도와 김광필은 한 장로 집에 들어가 달러를 찾아냈다. 자주 들락거리는 곳이라 어디에 한 장로가 돈을 숨겨 놓는지 알고 있었다.

삼만오천 달러.

우리는 한 장로 집을 나오자마자 우리가 타고 온 차의 뒷바퀴 오른쪽 밑에 차 키를 끼워 넣었다. 다음 날 차를 빌려준 러시아 친구가 와서 차를 가져갈 것이다.

우리는 지마의 차를 타고 우수리스크 역으로 갔다.

"내일 아침 6시에 연길로 출발하니 글케 알기요. 내가 아침에 올거구마." 지마는 익숙하다는 듯 우리를 역무원 숙소에 놓아 두고 나가 버렸다.

다음 날 5시에 지마는 우리에게 왔고 기차표를 주었다. 지마에게는 5백 달러를 주었다. 역무원 방은 여권 검열이 없으니 안심하라고 말하며 혹시나 중국에 도착해서 공안에서 물으면 1백 달러를 뇌물로 주면 된다고 지마는 귀띔해 주었다.

두 사람은 무사히 연길에 도착했다.

그리고

그리고

지금 그들은 대한민국에서 27년째 가책 없이 살고 있다.

범죄란 사회의 불비(不備)에 대한 인간의 저항이다.

"내가 본 원형체 중 가장 아름다운 원형체였다.
그런데 인간들은 왜 저기서 싸울까? "

– 지구 최초의 러시아 우주 비행사 유리 가가린이

우주에서 지구를 보며 한 말 –

사람은 도덕성과 양심이라는 것을 지키기 위해 매일 한 번씩 자기가 행한 일을 뒤돌아보아야 한다. 도덕성과 양심의 근육을 키우기 위해서는 매일 운동을 함으로서 자라난다.

매일 다가오는 갖가지 유혹들도 이 근육을 사용하여 물리 칠 수 있고 또 더욱 강화된다. 이런 운동을 하지 않으면 결국 양심과 도덕의 근육은 노인의 다리처럼 말라붙어 어떠한 행위를 하여도 도덕과 양심의 가책을 느끼지 못한다.

여기서 주목해야 하는 것은 도덕성과 양심이란 명제의 해석이다.

북조선에서는 미국을 위해(危害)하는 어떤 행위도 애국이 된다.

미국에 동조하여 민족 혼을 팔아먹은 남조선에 대한 태도 역시 마찬가지다.

한 탈북인의 실종

한국인 민 사장이 도와주던 이 중에 이봉팔이란 탈북인이 있었다.

우수리스크에서 지내며 집 밖을 자유로이 나가지 못하고 3년 이란 세월을 견딘다는 것은 감옥보다 더한 고통이 온다.

밖에 나갔다가 가뜩이나 동양인을 보면 러시아 경찰들이 경찰 들이 신분증 조사를 하자고 덤비는 것이 다반사인데 만일 걸리면 우스리스크 시 유치장에 가게 된다. 대한민국 사람이나 중국인이라 말을 해도 통역이 와서 대한 민국 대기업 몇 개만 대 보라 해도 봉팔은 모르니 금방 들통이 날 것은 뻔한 일이고 중국 사람이라는 것은 중국어를 한 마디도 못하는 봉팔에게는 꼼짝없이 북조선 탈북인이라는 것이 밝혀져 블라디보스톡 북조선 영사관에 인계되면 그 다음부터는 한 인간은 목숨은 없는 것이다.

봉팔은 본시 하바롭스크의 벌목장에서 탈출을 했는데 눈치 없고 무지한 사람이었으나 눈에는 살기가 등등하였다. 대략 그의 탈출 과정을 들어 보면 벌목장에서 금융 사고(?)를 쳐서 다시 조국에 불려가게 되었는데 이를 먼저 알아 채고 북조선 벌목 감시단 경비소를 지키는 보초 한 명을 칼로 찌르고 도망쳤다는 것이었다. 하바롭스크에서 기차를 타고 블라디보스톡으로 오는 중간에 러시아 경찰로부터 신분증이 없다는 것이 발각되어 경찰서로 끌려가 이틀간 조사를 받다가 경찰이 허술한 틈을 타서 다시 탈출하였고 블라디보스톡까지 350킬로미터를 걸어왔다는 것이다.

말이 350킬로미터이지 늑대, 곰, 호랑이까지 있는 연해주 원시의 땅 아닌가….

수많은 산들과 대평원 그리고 아무르 강을 건너서 350킬로미터를 걸어왔다는 것이 믿어지지가 않았다.

그를 처음 만났을 때 그의 모습은 온몸의 살갗과 얼굴이 새까맣고 온몸이 나무가시에 긁힌 상처투성이에 눈은 늑대라도 피해 갈 듯한 매서운 야생의 눈을 가진 상태였다.

그는 원래 북조선 특수부대 출신으로 무술을 다양하게 익혔고 야생 적응 훈련도 하여 걸어올 수 있었다고 했다.

여름이라서 추위는 없었지만 수많은 산을 넘어 식량도 없이 어찌 걸어왔는가 물어보니 이봉팔이 말하길 "야생에서는 뱀을 만나면 반갑습네다, 그저 대가리를 쳐내고 껍질만 베껴내면 바로 먹을 수가 있으니까요, 길구 밤에 잘 때는 낙엽만 덮어도 따뜻합네다. 나무에는 과일도 많구요."

칼 한 자루 차고 나온 그에게 눈에 보이는 것은 모두 식량이었고 야생에서 자생이 가능하였다. 물이 문제였으나 나무줄기를 엮어 목에 걸 수 있는 자루를 만들어 수풀과 이끼를 담아 물 웅덩이나 강을 만나면 수풀과 이끼를 적셔 도보 중간에 빨아먹으며 버텼다고 한다. 군에서 배운 바가 있어 별자리 방향을 알아 무조건 동쪽 방향으로 이동했다.

하루는 이봉팔이 이야기를 했다.
"민 사장님, 더는 못 버티갔시요…."
"뭘?" 민사장이 말했다.
"제가 이곳에 온 지도 3년이 넘었습네다. 시내에 나가 기자들을 불러 놓고 분신을 하던가 해야디 못 견디갔시요."
민 사장은 한숨만 내쉬고 있었다.

그리고 몇 달 후.
봉팔이 말하길 한국 갈 방도가 없는가를 찾아 자주 항구에 드나들었는데 한국행 어선을 알게 되었고 이틀 후 속초항으로 떠난다는 것이었다.
이 배에 몰래 숨어들기만 하면 하루 내에 한국에 도착할 수 있는데 어찌 방법이 없겠느냐는 것이었다.

"글쎄…." 민 사장은 생각에 잠겼다.
봉팔은 말했다.
"민 사장님, 제가 배를 좀 압네다. 정박 중인 배는 배 안에 후미에는 석탄 등을 때서 동력을 발생시키는데 후미 굴뚝 안에는 사람이 오르내리는 사다리도 있고 작은 방도 있습니다. 고기에 숨어들면 정박 중인 배는 검색을 안 하디요." 봉팔은 침을 꼴깍 삼키며 말을 이어 나갔다.
"문제는 동력선이 발동하기 전에 내가 거게서 나와야 한다는 것이야요, 큰 배는 출항신고를 마치고 한번 뭍에서 조금이라도 이동을 하면 다시 접안하는 거이 쉽딜 않아요, 비용도 많이 듭네다. 한마디로 배가 뭍에서 움직인 이후에는 제가 설사 선원들에게 잡혀도 도로 배를 접안시킬 수가 없으니 같은 조선 민족으로서 사정을 하면 봐줄 겁네다, 다만 동력선이 석탄으로 동력을 내기 전에 굴뚝에서 배로 나와야 하디요, 안 그랬다간 덩말로 화통 속에서 뼈까지 녹아 사라질 겁네다. 문제는 배 안에 어찌 들어갈 수 있는가 하는 것이디요."

민 사장과 봉팔은 다음 날 배로 갔다. 생각보다 큰 배는 아니었다. 일반적인 어선이었다.

민 사장이 선원에게 물었다. "여기 한국 분 계십니까?"

한 사람이 나왔다. "저는 조타수입니다, 어쩐 일이신지요?"

"예, 제가 여기 우수리스크에 벌써 5년이나 살고 있는데 한국은 어떻게 돌아가나 이야기나 들어 보려고 왔습니다."

"들어오시지요."

"아닙니다, 괜찮으시면 저녁때도 되었으니 밖에서 식사라도 하면서 이야기를 나누면 어떻겠습니까? 제가 시내도 보면서 설명도 드리지요?"

"그럴까요?" 조타수가 말한 후 배로 다시 들어가더니 또 한 사람이 나왔다.

"제가 선장입니다."

"반갑습니다."

우리 넷은 길거리를 거닐며 과거에는 여기가 해삼위라는 우리 나라 땅이었는데 2차 대전 이후 러시아 땅으로 편입되었다는 역사도 말해 주었다.

민 사장이 말했다. "2차 대전 당시 패전한 일본 군은 사할린 함께 일본

군으로 있던 조선인들은 모두 빼고 일본 국적자만 본국으로 데려갔습니다. 그리고 쏘련 군이 진주했는데 조선인만 덩그러니 사할린에 남아있던 것이지요. 하지만 쏘련 입장에서는 고려인은 패전국의 포로였습니다."

생김새는 일본인이랑 같은데 허름한 흰색의 복장에 머리를 쥐어 틀어 머리위로 잡아 올린 이상한 의복을 입고 있었는데 더욱 충격적인 것은 몸에 이가 기어다닌 것이었습니다. 쏘련군 입장에서는 이것이 인간인가 아니면 아프리카 토인내지 원숭이에 가까운 인간인가 의심할 정도였습니다.

쏘련군 입장에서는 이들(적국의 포로)을 모두 죽일까도 생각했었습니다.
왜냐하면 이들 중 일본과 내통하는 자들이 많다는 생각이었지요,
고려인은 영어는 물론 러시아 말도 통하지 않아 쏘련군이 인명부를 작성하는데 한국어를 조금 안다고 말할 수 있는 통역파견 쏘련 군이 '성이 무엇인가?' 라고 한국어로 물으면 '허가입니다.'라고 말을 하였고 그러면 쏘련 군이 발음을 따라 '음, 성은 허가. 이름은 무엇인가?' '길남입니다'
'음… 길라미.'라고 발음에 따라 인명부를 작성하여 100년이나 살고 있는 이곳의 고려인 중에는 전체 이름이 '허가이 길라미'로 등록되어 있는 경우가 많습니다."
성은 허가이 라는 세 글자고 이름도 길라미라는 세 글자이지요.
즉, 성들이 김가이, 이가이, 박가이 하는 식이지요."

"우리는 이들이 스탈린의 정책에 따라 머나먼 중앙아시아로 강제 송환됐다고 하지만 실상은 쏘련에 대해 고마워해야 합니다.

특히 중앙아시아로 고려인 들을 보낸 것 역시 쏘련 군이 면밀히 살펴보니 이들 고려인들은 야채 재배와 쌀 농사를 지을 줄 안다는 한다는 것입니다.

러시아인들은 극히 일부 지방에서만 야채, 채소 쌀 이런 것들이 생산이 되고 있었지요.

그러자니 따뜻한 기후의 중앙 아시아가 적격이었고 이들 고려인들은 땅만 있으면 살 수 있다라는 생각이 머리에 차 있어 우즈베키스탄, 까자흐스탄 등지에 자리를 잡게 해 준 것이지요. 고려인이라 불리 우는 혹은 일본 국의 패잔병이었던 그들을 몰살시키거나 포로수용소에 가두지 않고 중앙아시아의 대평원에 놓아준 쏘련 국에 감사해야 합니다.

그렇게 중앙아시아에 흩뿌려지다시피 내려놓은 고려인들은 집단 농장에서 일을 하였고 초창기에 까작스탄이나 우즈베키스탄 등 현지인들이 자기들 집에서 기거하게 해 주는 등 현지인들의 도움을 많이 받았습니다.

역사적으로 그들에게 빚을 진 셈입니다.

근자에 와서는 고려인은 과거의 고마움을 모르는 인종으로 인식되는 것이 아쉽지요.

게다가 특이하다 할 수 있는 것은 쏘련 시절이나 지금이나 인종 차별이 없다는 것이지요.

인종차별이 없는 것은 실제로 슬라브 족(러시아 인)의 오랜 문화이기도 했습니다.

선장님께서도 '삶이 그대를 속일지라도…'라고 시작되는 시를 들어 보신 적이 있을 것입니다. 그 시인이 뿌쉬킨이란 사람인데 외증조부가 아프리카 출신 흑인이었습니다."

"아!" 하고 선장과 조타수의 입에서 감탄사라 흘러나왔다.

민 사장이 말을 이어갔다.

"서양의 영국이나 미국이 아프리카에서 노예들을 물건처럼 묶어서 사고 팔고 할 때 그리고 스페인이나 포루투갈이 남미 원주민을 학살하고 땅을 착취할 때 러시아에서는 아프리카에서 온 사신에게 경(Sir)의 칭호를 주며 러시아에 살 것을 권했고 그 흑인 백인 러시아 인과 결혼을 하여 자녀를 가지고 또 2대를 걸쳐 낳은 아이(손자)가 푸쉬킨입니다. 러시아는 처음부터 인종 차별이 없었고 지금도 없습니다.

그것이 러시아 슬라브족의 자긍심입니다."

다시 한번 "카!" 하는 감탄사가 선장과 조타수의 입에서 나왔다.

봉팔은 김 과장으로 소개되어 있었고 거의 말을 하지 않았다.

그동안 남조선 말투를 부단히 연습한 그였지만 북조선 말씨가 혹시라도 튀어나오면 안되기 때문이어서였다.

여러 이야기를 나누던 중 민 사장은 말했다. "부탁드릴 것이 있는데 이곳에는 우편 통신망이 제대로 이루어지지 않아 한국으로 편지를 보내는 것도 쉽지를 않습니다.

혹시 제가 편지를 드릴 테니 속초에 가시면 우체통에 넣어 주시겠습니까?"

"그런 걸 뭘 부탁이라고 하십니까? 지금이라도 가져오시지요."

"그리고 사실 또 한 가지 부탁이 있습니다."

선장과 조타수 두 사람은 민 사장을 약간 의문스러운 눈동자로 민 사장을 쳐다보았다.

"이곳에는 김치를 파는 곳이 없습니다. 가끔 중국산 배추는 파는 곳이 있는데 고춧가루 파는 곳이 없어요⋯." 민 사장이 너털웃음을 웃으며 말했다.

"이 동네 고려인들이 꽤 산다고 들었는데 그 사람들은 김치를 안 먹나요?"

선장이 물었다.

"김치를 먹지요, 그런데 고춧가루 없이 배추만 소금에 절여서 부엌에 보름 정도 숙성시킨 다음에 먹습니다.

한국식으로 바깥의 땅에 묻어 놓으면 너무 추워 장독이 깨져 버리거든요. 우린 이런 것을 백 년 김치라 부르는데 아마도 백 년 전에는 우리나라 민족들도 고춧가루 없이 김치를 담갔나 봅니다. 어쩌면 이게 진짜 김치인지도 모르겠습니다. 여하튼 우리는 못 먹을 수준이에요." 민 사장의 말이었다.

그래서 제가 부탁드리는 것은 선장님 배에 김치가 있으면 조금 얻었으면 합니다.

"김치야 얼마든지 있지요." 선장이 웃으며 답했다.

"이 동네에는 모란봉이라는 북한 식당이 있어서 가끔 가서 김치를 먹는데 그나마 북한 여 종업원들의 말로는 '오늘은 소비욕구가 많아 김치가 떨어졌시요!'라는 말을 들을 때가 많습니다." 민 사장이 말했다.

선장은 껄껄대고 웃었다. "소비욕구라 그거 정확한 말이구만."

"저만 이야기해서 죄송합니다, 배를 타시면서 재미있었던 이야기 좀 들려 주시지요."

민 사장이 물었다.

"글쎄요, 너무 많아서…." 선장이 창문을 바라보며 잠시 생각에 잠기더니 입을 열었다. "인도네시아에서 이런 일이 있었어요, 한번은 배를 출항했는데 하루가 지나서 보니 착항(着港) 후 배를 고정시키기 위해 갑판 위에 밧줄이나 쇠줄을 돌돌 말아 두는 곳이 있는데 그 돌돌 말린 밧줄 속에 밀항자 한 명이 쏙 들어가 있는 거예요. 등잔 밑이 어두운 것이죠."

민 사장의 가슴이 뜨끔했다.
"그래서요?" 민 사장이 물었다.
"그 밀항자 말로는 인도네시아인인데 홍콩으로 가려고 숨어들어왔다는 것입니다.

우리 배가 홍콩행 배였거든요,

배를 돌릴 수도 없고 그렇다고 홍콩에 내려주어 밀입국시켜 줄 수도 없고 난감했습니다, 그래서 할 수 없이 배가 지나가는 항로에서 가까운 말레이시아의 작은 섬 옆으로 항로를 틀어 섬의 약 200미터까지 접근시켜 그 사람을 바다에 내리게 했습니다, 200미터 정도는 그 사람이 수영으로 갈 수 있다고 하더군요."

"그런 경우가 자주 있습니까?" 민 사장이 물었다.
"자주는 아니지만 밀항자들은 대부분 중국 등 아시아 국가의 배를 선호합니다.

왜냐하면 유럽 배의 선장이나 선원들에게 발각되면 밀항자를 그냥 바다에 던져 버려요."

"그것은 살인과도 같은 행위인데 법에 저촉되지 않습니까?" 민 사장이 물었다.

"배가 일단 출항을 하면 그 배의 공간은 일종의 독립된 국가 같은 것입니다, 그래서 선장은 하선(下船)의 권리가 있고 법에 저촉되지 않을뿐더러 한 마디로 누구도 신경 쓰는 사람이 없는 게 현실입니다, 그래서 제가 말씀드린 대로 밀항자들이 아시아 배를 선호하는 것이지요, 적어도 바다에 던져 버리는 일은 극히 없으니까요, 그런 측면에서 보면 백인 놈들의 머릿속에는 인간 생명에 대한 기본적인 동정심도 없어요." 선장의 말이었다.

"아!" 민 사장의 탄식이 있었다.

그러면 언제 배로 찾아 뵈면 될까요? 민 사장이 물었다.

"내일 오후 두 시 출항이니까 오전에 오시면 되겠습니다." 선장이 답했다.

민 사장과 봉팔은 다음 날 오후 12시에 부두로 갔다.

민 사장은 어디서 구해왔는지 러시아 미녀 한 명을 데려왔다.

민 사장의 흰색 도요타 승용차는 러시아 여성이 몰았다.

남자에게 있어서 미녀가 앞에 있으면 그만큼 혼란을 주는 상황은 없다.

세 사람이 들어서니 선장은 반가이 맞아 주었다.

"들어오시지요." 선장이 말했다.

민 사장은 보드카를 한 병 준비해 왔고 선장과 조타수는 안주를 푸짐하게 내왔다.

"같이 오신 여자분은 누구신지요?" 선장이 기분 좋은 듯 싱글벙글하며 물었다.

"예, 제 회사 여직원입니다." 민 사장이 말했다.

수컷은 하체로 사고한다.

"자! 다와이(건배)"! 어제 민 사장이 선장에게 가르쳐 준 러시아말로 건배를 하였고 선장과 조타수는 동행한 러시아 미녀로부터 눈을 떼지 못하고 있었다.

술은 민 사장과 선장 두 사람만 마셨다.

술을 반 병쯤 비웠을 때 민 사장이 김 과장(이봉팔)에게 "이봐, 김과장, 한국으로 부칠 편지 가져온 것 있지? 전달해 드려."

김 과장이 말했다. "아차, 사장님 차에 놓고 왔습니다… 금방 차에 갔다 오겠습니다."

김 과장(이 봉팔)의 한국어는 완벽했다.

"여기 가지고 왔습니다, 사장님." 김 과장이 말했다.

"알았어 김 과장은 차에 가서 기다리도록 해 "민사장의 말이었다.

하지만 이것은 약속된 신호였다.

김 과장은 나가자 마자 배의 굴뚝으로 들어간다고 했다.

"어제 말씀드린 이 편지입니다. 수신자 주소랑 다 적어 놓았으니 그냥 우체통에 집어넣어 주시기만 하면 됩니다." 민 사장의 말이었다.

"여부가 있겠습니까?" 선장의 말이었다.

약 15분쯤 지났을까?

"저도 이젠 가 봐야겠습니다. 낮술에 좀 취하는군요." 민 사장이 말했다.

선장은 아쉬운 듯 계속 러시아 여자를 힐끗힐끗 쳐다보며 말했다.

"만나서 반가웠습니다."

민 사장은 선착장의 러시아 여성과 차에 돌아왔다.

봉팔은 차 안에 없었다.

일단 굴뚝에는 들어 갔구나….

이젠 봉팔이가 잘하겠지….

이 주일쯤 후에 한국에서 민 사장 친구로부터 민 사장에게 국제 전화가 왔다.

"이봐! 자네가 보낸 편지 받았는데 아무 내용 없는 백지 한 장이야, 뭐야. 이거?"

이봉팔이 만일 배 안에서 다른 직원들에게 발각되어 쫓겨났다면 나의 집으로 왔을 것이다. 만일 러시아 경찰에 넘겨졌다 해도 나에게 SOS를 청하는 전화라도 왔었을 것이다. 한국에 도착했다면 국정원의 조사를 받겠지만 조사를 받은 이후에라도 민 사장이 미리 이야기해 준 민 사장의 지인에게 연락을 했을 것이다.

이후 1년이 지나도 아무 연락이 없었다.

필시 배 안의 굴뚝에서 빠져나오지 못하고 소각되었을 것으로 생각되었다.

완벽한 실종이다.

이봉팔 씨의 명복을 빈다.

국정원과 모사드

러시아 블라디보스톡에서 일어난 사건이다.

C 영사는 블라디보스톡 영사관 소속의 직원으로 되어 있었지만 실상은 국정원 소속의 요원으로 현지 북한인들의 동태 파악과 러시아 측의 정책 등을 조사하는 업무를 하는 요원이었다.

C 영사가 부임한지 얼마 되지 않은 관계로 현지 영사관의 부탁으로 현지에 상주하며 사업을 하던 조사장은 C 영사의 집을 얻으려 같이 다니면서 안내를 해 주기도 하였다.

그리고 두 달이 흘렀다.

C 영사는 조 사장에게 저녁을 같이하자고 연락이 와서 한인 식당에서 만났다.

몇 차례 저녁을 같이한 적이 있었으나 그날의 C 영사는 약간 긴장한 표정이었다.

"조 사장. 사실은 북한에서 탈북한 교수가 한 명 있는데 조 사장 회사에 임시라도 근무를 시켜 주면 어떻겠나?"

C영사는 조 사장 보다 15년이나 연배여서 반말로 말했다.

"글쎄요, 일 시키는 거야 별일 아니지만 혹시 그 교수라는 사람 문제는 없습니까?" 조 사장이 물었다.

"그 사람에게 지급해야 하는 봉급과 숙소 등 모든 것은 내가 책임 질 테니 일단 출근을 할 수 있게 해 줘요." C 영사의 말이었다.

국정원이란 곳이 일반인에게는 사람을 쥐락펴락하는 곳이라는 인식이 깔려 있는 곳이다.

"그러시지요…." 조 사장이 답했다.

그렇게 되어 고 교수라는 탈북 인사는 조 사장 회사에 취직을 하였고 러시아어도 곧 잘해서 총무과에 배속시켰다.

그리고 정확히 한 달이 되던 날….

고 교수가 출근을 하지 않았다.

어디 아픈가 하고 그냥 기다리고 있는데 영사관에서 B라는 영사가 전화가 왔다. 급히 한국 식당인 광화문 식당으로 와 달라는 요청이었다.

광화문 식당에 조 사장이 도착한 시간이 아침 10:30분.

B 영사가 말했다.

어젯밤 C 영사가 피살당했다는 것이다.

"예?" 하고 조 사장은 눈을 크게 떴다.

B 영사가 말을 이어 갔다.

어젯밤 C 영사가 퇴근 후 집에 들어가다가 집 문 앞에서 칼로 목이 찔려 피살되었는데 잠시 후 밖에서 일을 보고 오던 딸이 연락해서 급히 현장으로 갔고 병원으로 이송했으나 이미 숨이 끊어져 사망했다는 것이었다.

"그렇다면 누가?"라고 조 사장은 호흡을 가쁘게 쉬며 물었다.

B 영사도 워낙 급작스럽게 소식을 들어서 경황이 없는 터였지만 직업상의 감각이 있어서 고 교수 집에 전화를 해 보았더니 전화를 받지 않았고 그 길로 러시아 경찰을 대동하고 고 교수 집에 찾아 갔더니 사라지고 없다는 것이었다.

이후 사건을 조사하기 시작하여 대략의 정황을 들은 바는 이러하다.

이야기인즉슨, 북한에서 김일성 종합대학 교수가 블라디보스톡으로 왔는데 한국으로 가고 싶다는 의지 표명을 하였단다.

그런데 이 교수라는 분이 북조선에서 만든 가짜 위조 달러를 5만 달러를 가지고 나올 수 있다는 것이다. 즉, 한국으로 보내주는 것을 보증해 주면 다시 북으로 돌아가 위조된 5만 달러를 가지고 나오겠다는 것이다.

이 위조 달러를 입수할 경우 북조선이 위조 지폐를 만들고 있다는 확실한 증거를 국제사회에 알릴 수 있다는 것이다.

이에 C 영사는 고 교수라는 사람을 믿고 한 달 동안 세계 정세며 대한민국의 상황 또한 고 교수에게 돌아갈 지원금 등을 협의하여 왔다는 것이다.

그런데 왜 고 교수가 사라졌는지 그리고 왜 C 영사를 죽였는지 혹은 실제 고 교수가 C 영사를 죽였는지 아무도 모른다.

이 사건은 지금까지 미제로 남아 있다.

이런 한 가지 예를 보듯이 대한민국의 국정원 직원들은 목숨을 걸고 첩보 작업을 한다. 대한민국 국민들은 음지에서 일하며 죽어도 이름 한자도 신문에 나지 않는 숨은 애국자들에게 존경심을 가져야 한다.

나는 한국에 살면서 한국의 근대사를 열심히 읽었다.

북조선의 보위부에 해당하는 대한민국의 정보부는 중앙정보부에서 안전기획부, 국가정보원으로 변모하여 왔다.

내가 탈북인인 관계로 경찰서에서도 가끔 나에게 전화를 하여 근황(?)을 묻곤 했고 때로는 국정원 사람의 만남 요청도 있었다.

내가 그들을 만나면서 느낀 것은 그들도 열심히 일하며 때로는 국가를 위하여 목숨을 걸어야 하는 집단으로서 존경받아야 한다는 점이다. 나아가 국정원 직원이 해외에서 위해를 당했거나 심지어 북조선 보위부에 납치되어 북조선에 끌려가 고문을 받고 나온 사람도 있다고 들었다.

이러한 것들마저도 정보 혹은 보안유지사항에 포함되어 혹은 남북간 정치적 논리에 기인하여 신문에 한 줄도 나지 않는다. 국정원 직원들은 항상 긴장감을 유지해야 하며 비밀 유지 및 향후 전략을 계속 짜내야 한다. 마시기 싫은 술도 억지로 먹어야 할 때가 많다. 한마디로 어느 일반 기업보다 업무 강도가 세다.

한반도가 어떤 나라인가?

역사적 당위를 떠나 남북한이 서로 총칼을 맞대고 있는 나라 아닌가.

그런데 왜 많은 국민들은 국정원에 대하여 그리 좋지 않은 인식과 때로는 공포감을 가지고 있을까?

이유는 간단하다. 많은 악행이 "국가를 위하여"라는 미명하에 행해졌기 때문이다. 또한 국민의 머리 속에는 국정원이 국가를 우선 순위에 두기보다는 정권의 꼭두각시라는 인식 때문이다.

한번은 국정원의 모 인사가 만나자고 하여 만났는데 비싼 일식 집에서 한잔하였다. 목적이 없는 만남은 없는 사람들임은 분명하다….

국정원 인사가 말하길 앞으로 일주일 후면 대통령 선거인데 어느 정당의 후보를 지지하여 투표를 해 달라는 내용이었다. 술도 한잔 얻어먹은 김에 나야 누가 대통령이 되어도 내 삶은 바뀔 것이 없으니 잘 알겠다고 했다.

적게 잡아도 약 50만 원이 넘을 듯한 소 꼬리 선물 세트를 나에게 건넸다.

그리고 50만 원의 현금이 든 돈 봉투가 선물 세트에 테이프로 붙여져 있었다.

나는 그냥 받았다. 내가 안 받으면 그가 싫어할 테니까.

집에 돌아오며 생각해 보았다.

나 같은 하찮은 사람에게도 국정원에서 이런 뇌물 아닌 뇌물을 주고 있다.

그렇다면 전국에 도처에 조직적으로 수많은 사람에게 뇌물이 뿌려졌을 것이다.

정권의 창출을 위해서는 무슨 일이던 하겠구나 하는 생각이 들었다.

과연 여기가 청렴한 민주주의 국가인가?

대한민국은 육중함이 떨어지는 나라다.

나는 한때 국정원의 끄나풀로서 대한민국에 있는 탈북민의 동태 파악 등을 한 적이 있다. 그러다 보니 자연스럽게 다른 끄나풀(?)들과도 만나 교류를 하였다.

나는 러시아에 있으면서 많은 유태인들을 접해 보았고 이스라엘 사람들도 만나 보았다. 나는 그들의 생존 방식에 동의하지 않지만 수천 년간 짓밟힌 그들에게는 다른 선택지가 없었음을 이해한다.

그들 국가의 국정원인 모사드는 국가가 1순위이고 그 다음 국민, 그 다음이 개인(모사드)이다. 대한민국의 경우 국정원 직원 개인의 진급이 1순위이고 그다음 국가가 있고 그다음 국민이 있고 그 다음은 조력자(끄나풀)이 있다.

저항하지 않는 이유 그리고 못하는 이유

많은 대한민국 사람들이 북한이나 러시아를 보며 저리 악행이나 실정이 많은데 왜 국민은 봉기하지 않는가? 라는 의문을 많이 갖는다.

나는 역사를 잘 모르지만 인간은 생각보다 쉽게 다루어진다.

러시아의 스탈린 독재 시절 자국민을 최소 2천만 명을 죽였다.

북한의 경우 숫자는 밝혀지지 않았으나 1992년부터 시작된 "고난의 행군" 시절에만 굶어 죽은 이가 300만 명이 넘고 그 외에 교화소에서 죽어간 사람들의 숫자를 셈한다면 통계가 안 나온다.

그렇게 총칼로 압제를 하면 인간은 저항이라는 기능이 퇴화되어 국가에는 저항을 못 하고 다른 방식으로 삶의 형태를 유지해 나간다.

얼어붙은 강물은 방향을 틀지 못한다.

김 장군은 말씀하시었다.

"노도와 같은 북풍을 헤치고 죽창을 들고 미제의 가슴을 찔렀다."라고….

약 15분이나 되는 김 장군(김일성)의 칭송 문장을 3살배기 때부터 매일 듣고 살아왔다. 이러한 상태에서 국가에 대한 저항이란 불가능하다.

법 앞의 평등이란 말은 이미 삭아 들은 종이에 적힌 시들어진 고문서(古文書)다.

북조선의 경우는 도청이 심해서 외국인 호텔 레스토랑 심지어 화장실도 도청을 한다. 어느 호주 국적의 한국인이 북조선을 방문했을 때 사업상 영어와 일본어를 함께 사용하고 있었는데 전화기에서 갑자기 수화기에서 삐- 소리가 나더니 북조선 도청인이 "한 가지 나라 말로만 하시라요." 말한 적도 있다.

웃음이 나올 만한 공개 도청이지만 미국도 자국 및 다른 나라에 대한 도청을 하고 있다. 실상 도청을 하지 않는 나라가 있을까 싶다. 미국이 세계 도처를 도청하고 있다고 쥴리언 어산지가 폭로한 것을 보면 특별한 일도 아니다.

대한민국에서도 군에 다녀온 사람은 알 듯이 군에 복무하는 동안은 군기(軍氣)라는 것이 있어 인간이 자유롭게 사고하는 여유를 주지 않는다.

심지어 똑바로 파야 하는 배수로를 ㄱ 자로 꺾어서 팠다가 다시 메꾸고 직선으로 다시 파게 하는 경우도 있다. 즉, 다양한 사고는 금지다.

군 외에는 다른 사고를 정지시키는 것이다.

그렇게 사고를 정지시켜 놓지 않으면 타인인 적에게 총을 쏠 수가 없기 때문이다.

북조선의 경우 3살 때부터 사상을 주입하고 아침저녁으로 김 씨 일가의 초상화에 절을 하며 성장하여 군 생활을 12년 정도 한다.

이쯤 되면 대한민국인의 사고체계와 융합되는 것은 불가하다.

에필로그 1

내가 대한민국에 와서 27년간 느낀 것은 먹을 것과 입을 것이 충분하다는 것. 그리고 잠잘 수 있는 아파트들….

그러나 대한민국의 국민들은 그리 행복감을 못 느낀다는 것이다.

대한민국에 있는 회사의 사주들은 독재자를 넘어 제왕의 지위를 누린다.

그 수하의 직원들은 상사의 눈치를 보는 정도를 넘어 신으로 받드는 듯하다.

내 눈엔 적어도 그러하다.

한 사람이 제왕의 위치에 있는 것과 수천 명이 제왕적 폭력을 행사하는 것.

어떤 것이 나은 것인가?

우즈베키스탄에 "부하라"라는 도시가 있다.

도시가 세워진 지가 3,000년이 되었다고 한다.

필자가 방문한 "부하라"에는 그냥 오래된 관광지겠지 하고는 오래된 모스크 사원들을 둘러보고 시장도 들러 이들은 무엇을 먹고 사나 하는 정도의 관광이었다.

그런데 3,000년 전에 이곳에 대학이 있었다고 해서 들러 보았다.

가히 충격이라 할 만한 규모였다.

거대한 도서관과 수많은 기숙사의 방들, 거대한 공중 목욕탕, 수많은 강의실 등이 있었고 강의실 복도를 걸으며 표기된 푯말들에는 수학, 기하학, 물리학, 철학, 문학, 신학, 의학, 치(齒)학, 윤리학, 천문학, 외국 학 등 다양하였다.

도서관도 지금의 현대적인 대학과 비교할 수는 없지만 적어도 30만 권이상의 책들이 아직도 보존되어 있었다.

지금까지 정문의 나무로 된 거대한 문은 3,000천 년 전의 문 그대로라고하였고 그 육중한 정문을 손으로 만져보며 고대의 권위를 느꼈다.

나는 그 대학 문을 나오며 깨달은 바가 있었다.

이 사람들도 인간이 어찌 살아야 옳고 행복하게 사는가를 3,000년 전부터 연구했구나.

그런데 지금까지도 인간은 인간이 어떻게 살아야 하는지를 모르고 살고 있구나!

나는 현 세계에 사는 인간으로서 인간은 잘못된 것을 개선하고 앞으로는 더욱 좋아지겠지라고 생각해 왔다.

인간은 무균실에서 살다가 밖으로 나오면 죽는다, 또한 무균 실이 아닌곳에서도 죽는다.

삶은 생물과 같아 주변 환경에 따라 변화하며 살아간다.

그런데 평등을 슬로건으로 내건 쏘련과 북한은 70년간 인간을 사고를 가두어 정지시켰다.

다른 모든 과학은 진보하는데 인간의 사고란 3천 년 혹은 4천 년 전보다 더 나아진 판단도 더 나아진 실행도 없는 것이구나.

"그게 안 되는 것이었구나!"
"내가 엄청난 착각을 했구나!"

나는 정말 바보였고
지금도 바보다.

에필로그 2

평화롭지 않은 표정들, 피로에 지친 직장인들, 지하철에서 졸고 있는 학생들….

대한민국은 고쳐야 할 부분이 많다.

자성(自省)이란 달리는 말에 채찍질을 하는 것으로 이해를 해야 한다.

공사장 인부들이 일 년에 몇천 명씩 죽어 나가고 하루에 자살자가 40명이 넘는다.

한때 미국 타임 지에서는 "스릴을 즐기려면 한국에서 택시를 타 봐라."라고 비꼰 기사가 있을 정도로 교통사고가 많다.

왜 이런 현상이 벌어지는 것일까?

한마디로 자살대국이 되었다.

오랜 우울증을 앓으며 자살 충동이 심했던 필자로서 나름 의견을 적는다.

이것을 치유하기 위해서는 무엇보다 사람을 중요하게 여기는 문화가 형성돼야 한다. 그러려면 남들과 비교하는 문화를 바꿔야 하고 모든 사람이 자신만의 가치를 인정받고, 경제력이나 성취에 상관없이 존중받을 수 있는 사회가 돼야 한다.

교육 시스템도 성적 경쟁보다는 협력과 상호 존중을 강조하는 방향으로 변화해야 하고 직장에서는 업무 성과보다 직원들의 정신건강과 행복을 우선시하는 정책을 도입해야 한다.

현실적으로 마음의 수양을 쌓는 인문학을 각 가정과 학교, 회사에 의무적으로 교육 혹은 수양하는 제도를 도입해야 한다.
이것은 사회적인 문제인 동시에 국가적인 문제이다.

일년에 1만 5천 명 정도가 자살하는 한국의 경우 10년이면 15만 명이다.
다른 나라가 전쟁을 벌여 죽어 나가는 국민의 숫자와 비교 될 정도이다.
아이 낳기를 기피하는 이 판국에 청년과 노인을 막론하고 세계에서 자살률 1위라는 것은 논쟁의 대상이 아니라 즉각 행정적 메스를 들이대야 할 문제이다.

누군가가 "나 죽고 싶어."라는 말은 "나 좀 살려 줘."라는 절규임을 우리가 명심해야 한다.

에필로그 3

나는 철학자도 아니고 사상가도 아니다.

그저 고향과 가족을 버리고 온 탈북자일 뿐이다.

지독하게 인권을 유린당하고 있는 내가 살던 나라를

위해 희망 사항을 적어 본다.

한때 북조선에서 지식인 집단에 속해 있던 나의 자부심은 대한민국에 와서 정보의 홍수와 자본주의에 대한 부적응으로 산산이 부서졌다.

자연으로 돌아가라(Return to the nature)와 인간성의 회복을 많은 사상가들이 외쳐왔지만 현실은 오히려 반대 방향으로 가고 있다.

빈부의 격차는 심화되고 가난한 자는 부자를 경멸하며 부자는 아랑곳하지 않고 뾰족한 교만을 즐기고 있다.

교회에는 십일조를 바치면서 삶이 어려운 가까운 이나 사회의 낙오자들에게 자신의 십분의 일, 백분의 일을 내어주고 있는가?

경제는 나날이 발전한다면서 왜 이리 지독한 어둠 속에 고립된 사람들이 이리도 많은가? 방송 등 매체에 여러 해법을 제시하는 학자들도 많다.

그런데 고쳐지지 않고 있다.

학자는 정부 탓을 하고 정부는 정권 유지 혹은 탈취를 1순위에 놓고 당파 싸움에 몰입하고 있다.

부모 형제 절실한 친구, 가난한 이웃에게 자기의 것을 일부라도 나누는 것. 그것이 자본주의가 살아남는 일이다.

자본주의는 건강한 변화를 모색해야 한다.

이유 달 것 없다.

현재의 이 어둠을 거둬라.

과거 말레이시아의 마하티르 총리가 주창했던 아시아적 가치.

"너는 내게 하나를 주었으니 나도 하나를 주겠다라는 거래 보다는 네가 힘들면 내가 너에게 나의 일부를 주겠다. 남을 행복하게 해 주면 나도 저절로 행복해진다."는 문화로 바꾸어야 한다.

내가 태어날 때 나는 울었고 다른 이들은 웃었다.

내가 죽을 때는 나는 웃고 다른 이들이 울게 하자.

역사적으로 많은 위인과 사상가들이 인간성의 회복과 휴머니즘을 주창했지만 이루어지지 않고 있다.

미래는 더욱 독단화, 이기적, 약육강식(弱肉强食)의 시대가 될 것이다.

인간과 지구는 동시에 병들어 가고 있다.

그러기 위해서는 휴머니즘을 법제화해야 한다.

법전을 AI에 담아 비인(非人)들을 즉각 제제하도록 시스템을 만들어야
한다.

벌금 대신 반성문을 쓰게 하고 글을 모르는 자에겐 신성한 노동을 시
켜라.

화폐로 채찍질을 하기보다 그의 사고를 배타(排他)에서 사랑으로 바꾸
어라.

휴머니즘을 위하여 봉기하라.

아이디어를 공모하여 실행하고 그리고 또 다시 공모하라.

온건하고도 따뜻한 혁명을 창조하고

피를 흘리지 않고도 혁명이 가능함을 보여 주며

한 명을 죽이면 살인자고 십만을 죽이면 영웅이 될 수 있다는

역사의 유혹에서 탈피하며

종교는 총칼 없이 포교하고

낮과 밤의 경계에 회색 빛 저녁의 아름다움이 존재한다는 것을 기억하고

이념은 바람과 같은 것이니 사고의 고착을 경계하며

강함이 부드러움을 이길 수 없다는 것을 명심하면

사회는 풍요로워지고

나무는 산소를 내뿜으며 감옥은 줄어들 것이다.

많은 현인들이 연구하고 외쳐왔던 충고와 경고들은 세상을 이롭게 하

는데 실패했다.

이젠 한계가 왔다.

인간은 스스로를 박멸하고 있다.

인간의 멸종을 막아야 한다.

대한민국은 정치 깡패들이 난무하던 시절을 벗어나 30년 만에 국민이 주권을 가진 나라가 되었다. 서양 음악이란 팝송을 들으면 뭔가 남보다 고상해 보이던 시절을 지나 이젠 세계가 한국 음악에 도취되어 있다.

서양 영화는 항상 한국 영화보다 우위에 있던 시절을 반대로 만들어 놓았다.

문화적으로 세계를 지배하는 나라다.

대한민국은 기아에 허덕이던 나라가 반세기 만에 선진국 대열에 올랐다.

무엇이 두려운가?

못 할 것이 없는 나라가 대한민국이다.

맺음말

이 책의 내용은 실제 사실에
근거하여 기록하였음을 밝힌다.

굶주림과 억울한 박해를 이기지 못해
탈북한 분들에게 위로를 보내며

지극히 죄질이 불량한 비인간임에도 탈북하여
대한민국에 정착한 이들을 색출하여
법의 심판대 위에 서게 하지 못하는 한계에
아쉬움을 남긴다.